Meetings planen und moderieren

Anita Bischof
Dr. Klaus Bischof
Dr. Andreas Edmüller
Dr. Thomas Wilhelm

Inhalt

Teil 1: Besprechungen

Wie Sie Besprechungen vorbereiten — 9
- Ist das Meeting notwendig? — 10
- Zeit ist Geld — 16
- Formulieren Sie Ziele! — 24
- Jede Besprechung ist anders — 29
- Stimmt die Gruppengröße? — 41
- Die Tagesordnung — 42
- Check-up für die Vorbereitung — 49

Wie Sie Besprechungen durchführen — 55
- Ihre Aufgaben als Moderator — 56
- Zeit und Effizienz gewinnen — 63
- Konflikte sind positiv — 65
- Schwierige Teilnehmer — 73
- Wer fragt, lenkt — 76
- Das Brainstorming — 80
- Test: Wie gut habe ich moderiert? — 82

Wie Sie Besprechungen nacharbeiten — 85
- Wozu ein Protokoll? — 86
- Das gute Protokoll – zwei Beispiele — 91

Kommunikation – Basis für erfolgreiche Besprechungen — 93

- Kommunikation – Was ist das? — 94
- Wie funktioniert Kommunikation? — 96
- Die nonverbale Kommunikation — 103
- Was leistet die nonverbale Kommunikation? — 110
- Kommunikationssperren — 112
- Wie Sie Ihr Verhalten bei Gesprächen verbessern können — 120
- Türöffner – oder wie Sie Kommunikationssperren vermeiden — 123

Teil 2: Moderation

Worauf es bei der Moderation ankommt — 131
- Was Moderation bringt — 132
- Wann Sie Moderation einsetzen sollten — 134
- Welche Rahmenbedingungen Moderation braucht — 136
- Welche Rolle Sie als Moderator haben — 138
- Was Moderation nicht ist — 141

Eine Moderation vorbereiten — 143
- Warum die Vorbereitung so wichtig ist — 144
- Wer nimmt teil? – Die Adressatenanalyse — 145
- Worum geht es in der Sitzung? — 148
- Wie wird eine Arbeitssitzung gestaltet? — 150
- Organisation und Logistik sorgfältig planen — 151
- Worauf Sie bei der Einladung achten sollten — 153

Die Moderation durchführen — 155
- Mit der Einleitung die richtige Atmosphäre schaffen — 157
- In der Arbeitsphase zu Ergebnissen kommen — 160
- Zum Abschluss den Erfolg sichtbar machen — 161

Wie strukturiert man die Arbeitsphase? 163
- Intensiv arbeiten in Kleingruppen 164
- Jeder Moderationsauftrag stellt andere Anforderungen 164
- Typische Arbeitsphasen 170

Das Handwerkszeug des Moderators 183
- Moderationstechniken 184
- Die Kunst, die richtigen Fragen zu stellen 220
- Wie Sie schwierige Situationen meistern können 229

Die Moderation nachbereiten 239
- Die Ergebnisse im Protokoll festhalten 240
- Erfolge sichern, aus Fehlern lernen 245

- Literatur 250

Teil 1: Besprechungen

Vorwort

Wir alle haben sie schon erlitten: diese endlosen Meetings mit den zermürbenden Grundsatzdiskussionen und zähen, fruchtlosen Verhandlungen. Wie oft kehren wir nach solchen Marathonsitzungen erschöpft an unsere beladenen Schreibtische zurück und fragen uns: Was hat diese Besprechung eigentlich gebracht?

Verständlich, dass Sie endlich wissen wollen, wie Sie Ihre nächste Besprechung zielorientiert und effektiv führen. Wir helfen Ihnen dabei: Schritt für Schritt, mit vielen praktischen Tipps und Checklisten für Ihre Arbeit als Moderator. Sie werden sehen: Die nächste Sitzung verlassen Sie mit handfesten Ergebnissen und dem guten Gefühl, Ihre Zeit sinnvoll genutzt zu haben!

Dr. Klaus Bischof und Anita Bischof

Wie Sie Besprechungen vorbereiten

Ein erster Schritt zu mehr Effizienz bei Meetings ist, ihren Sinn und Zweck sowie die Voraussetzungen auf den Prüfstand zu stellen.

Lesen Sie im folgenden Kapitel,

- wie Sie herausfinden, ob die Besprechung überhaupt sein muss,
- wie Sie mit der Besprechungszeit effizient umgehen,
- wie Sie die Ziele Ihrer Besprechung formulieren,
- weshalb Sie die Art Ihrer Besprechung vorher definieren sollten und welche Arten es gibt,
- wie Sie die richtige Gruppengröße für Ihre Besprechung bestimmen und
- wie eine effiziente Tagesordnung aussieht.

Ist das Meeting notwendig?

Bevor Sie eine Besprechung einberufen und Mitarbeiter von ihrer Arbeit fernhalten, sollten Sie sich eines fragen: Ist das Meeting überhaupt notwendig? Prüfen Sie immer erst die Voraussetzungen für eine Besprechung! Möglicherweise zeigt sich, dass Sie überflüssig ist und Probleme auf anderem Wege schneller zu lösen sind.

Wie treffe ich die richtige Entscheidung?

Anhand des folgenden Fragenkatalogs überprüfen Sie, ob die Besprechung das geeignete Instrument ist, Ihre Schwierigkeiten zu lösen.

Wer sich als Besprechungsleiter immer wieder gewissenhaft die Frage nach der Notwendigkeit einer Besprechung stellt und ehrlich beantwortet,

- verhindert, dass aus diesem Führungsinstrument ein Folterinstrument wird,
- vermeidet Zeitverschwendung,
- bezieht die Beteiligten in eine aktive Verbesserung der Besprechung ein,
- fördert die Effizienz seiner eigenen Führungsinstrumente.

Beantworten Sie sich folgende Fragen:

- Rechtfertigen die anstehenden Aufgaben den Aufwand?
- Sind die Probleme für die ausgewählte Hierarchiestufe relevant?

Ist das Meeting notwendig? 11

- Betrifft das Problem alle Teilnehmer?
- Könnte ein Einzelner das Problem durch einige gezielte Rückfragen alleine lösen?
- Kann die einberufene Gruppe das anstehende Problem unvorbereitet lösen? Dabei gilt es zu bedenken: Eine fruchtbare Diskussion kann nur zwischen Mitarbeitern entstehen, die vorher, jeder für sich, das Problem sorgfältig durchdacht haben. Teamarbeit ist gut, die Kombination mehrerer unausgereifter und konfuser Vorstellungen bringt jedoch kein klares Ergebnis.
- Ist die Besprechung überhaupt der vernünftigste Weg, Konflikte zu lösen? Welche Prozesse sind anzustreben, damit bei Konflikten ein Konsens erzielt wird?
- steht genügend Zeit für eine strukturierte Besprechung zur Verfügung?
- Können alle Beteiligten einen Nutzen aus der Besprechung ziehen?
- Wäre eine schriftliche Information aller Teilnehmer rationeller?
- Kann eine Gruppe das anstehende Probleme wirklich besser lösen als ein Einzelner oder ein sehr kleines Team?
- Sind Sie bei der Lösung des Problems auf Spezialisten und verschiedene Fähigkeiten angewiesen?
- Ist es für eine anstehende Entscheidung sehr wichtig, die Meinung anderer einzuholen?
- Verbessert das Sammeln von vielen Ideen die Qualität der Entscheidung?

- Ist es wichtig, dass die Entscheidung von vielen verstanden und getragen wird?
- Sind die Teilnehmer selbstständig genug, notwendige Entscheidungen selbst zu fällen?

Sind Sie, obwohl Sie alle Fragen beantwortet haben, noch immer im Zweifel? Dann empfehlen wir Ihnen, die Besprechung auf jeden Fall anzusetzen, wenn

- eine Entscheidung die Urteilskraft mehrerer Personen erfordert und bloßes Abwägen oder ruhiges Überlegen nicht ausreicht um die Entscheidung zu fällen
- das Sammeln von Ideen die Qualität der Entscheidung verbessern kann
- die Akzeptanz der Entscheidung durch die Besprechungsteilnehmer von größter Bedeutung ist
- vielschichtige Probleme verschiedenste Fähigkeiten oder sogar Spezialisten erfordern
- die Ausführenden selbstständig genug sind notwendige Entscheidungen selbst zu fällen
- Sie Ihre eigenen Annahmen für die Durchführung von Besprechungen überprüft haben
- oder wenn? ...

Hier entscheiden Sie selbst!

> Falls Mitarbeiter auf Sie zukommen und darum bitten eine Besprechung durchzuführen, so nehmen Sie diese Bitte grundsätzlich ernst. Als Führungskraft ist es wichtig zu wissen, wo Mitarbeitern der Schuh drückt.

Was leistet ein Flugplan?

Es gibt eine weitere Möglichkeit überflüssige Besprechungen zu eliminieren: den Flugplan. Bei diesem einfachen Kommunikationsmedium handelt es sich um eine große Korkplatte, auf der die Mitarbeiter über den Ist-Zustand verschiedener, parallel laufender Projekte und die dabei auftauchenden Probleme informieren. Der Flugplan

- fördert schnelle und unbürokratische Problemlösungen im Team: Mitarbeiter sehen auf einen Blick, bei welchen Projekten im Unternehmen Probleme auftauchen und können sofort Hilfe leisten. Natürlich kann jemand vortäuschen, dass er sehr viel zu tun hat, um sich nicht um die Probleme anderer kümmern zu müssen. Aber wer sich ständig zurückhält, obwohl er durch den Flugplan über mögliche Schwierigkeiten der Kollegen informiert wird, fällt schnell auf und kann auf sein Verhalten angesprochen werden. Der Flugplan fördert also auch ein partnerschaftliches Geben und Nehmen.

- hilft Besprechungszeit zu sparen. Es kann nicht in jeder Sitzung die gesamte Projektpalette aller Mitarbeiter besprochen werden. Deshalb bleiben die Sitzungen dann für jene Projekte reserviert, an denen alle oder zumindest die meisten mitarbeiten, und jenen Problemstellungen vorbehalten, bei denen die Unterstützung und Hilfe projektfremder Mitarbeiter gewünscht wird.

- informiert die Führungskraft über den Stand der Dinge.

- verbessert den Informationsaustausch im Unternehmen. Die Mitarbeiter aller Abteilungen sind jederzeit über den aktuellen Stand der Projekte im Bilde.
- ist ein ausgezeichnetes Kontrollinstrument für die Führungskraft. Macht ein Projekt keine Fortschritte, setzt sie sich unverzüglich mit der dafür verantwortlichen Projektgruppe in Verbindung, kann ermutigen, Hilfestellung geben oder auch Kritik üben. Der Flugplan verstärkt somit den Kontakt zwischen Vorgesetzten und Mitarbeitern.
- ermuntert zu Kommentaren. Projektpiloten, deren Projekt erfolgreich gelandet ist, sollten nicht sofort ihre Karte entfernen. So können andere Mitarbeiter Glückwünsche darauf notieren wie „gut gemacht!" oder „weiter so!".

Wie erstellt man einen Flugplan?

1 Besorgen Sie eine Korkplatte (1 m × 2 m), schreiben Sie „Flugplan" als Überschrift darauf.

2 Legen Sie darunter fünf Spalten an. Von links nach rechts lauten die Überschriften für die Spalten: „Fertig zum Start", „fliegt", „Schwierigkeiten", „SOS", „sicher gelandet".

3 Lassen Sie für die verschiedenen Projekte verschiedenfarbige Projektkarten anlegen. Stellen Sie ausreichend viele Karten rechts neben dem Flugplan zur Verfügung.

4 Hängen Sie den Flugplan gut sichtbar an einem Ort auf, der von den Mitarbeitern häufig frequentiert wird (z.B. neben dem Kaffeeautomaten, in der Kantine etc.).

Flugplan				
Fertig zum Start	fliegt	Schwierigkeiten	SOS	sicher gelandet

Der Flugplan gibt den Ist-Zustand verschiedener, parallel laufender Projekte wieder.

Projekt:			
Projektpilot:		**Ende bis:**	
Abteilung:		**Telefon:**	

Projektkarten für den Flugplan

Wie führt man den Flugplan

Sobald Sie einen Mitarbeiter mit einem Projekt betraut haben, füllt er eine Projektkarte aus und heftet sie an die Stelle „fertig zum Start". Hat der Mitarbeiter mit der Arbeit an dem Projekt begonnen, heftet er die Karte in die Spalte „fliegt". Ist das Projekt abgeschlossen, bringt er die Karte in der letzten Spalte unter „sicher gelandet" an.

Tauchen jedoch Schwierigkeiten auf, so befestigt er sie unter „SOS" und notiert auf einer weiteren Karte unter der Spalte „Schwierigkeiten", um welche Probleme es sich handelt.

Zeit ist Geld

Zeitmanagement spielt bei der Vorbereitung und Durchführung von Besprechungen eine entscheidende Rolle. Ihre Zeit und die Ihrer Mitarbeiter ist ein begrenztes Kapital, das Sie nur bei zielgerichteter, systematisch strukturierter Planung nicht verschwenden. Die Herausforderung besteht darin, plan- und vorhersehbare Dinge in Angriff zu nehmen und nicht kopflos alles dem Zufall zu überlassen. Denken Sie daran:

- Zeit ist eine Ressource, die immer knapper wird.
- Die Ihnen zur Verfügung stehende Zeit ist ein Führungskapital. Sie können sie bei rationeller Einteilung dazu nutzen, konkrete Ergebnisse und kreative Fortschritte zu erabzuhalten.
- Wer sinnvoll mit Besprechungszeit umgeht, gewinnt für sich und seine Mitarbeiter mehr Zeit für andere Aufgaben.
- Verschwendete Zeit geht zulasten Ihrer Freizeit, denn Sie müssen Liegengebliebenes nachholen.

Wie manage ich kostbare Zeit?

Hier einige Tipps, wie Sie mit der Besprechungszeit effizient umgehen. Nehmen Sie sich für den Anfang nicht alles auf einmal vor.

1 Störungszeiten umgehen

Untersuchungen über die häufigsten Störungen am Arbeitsplatz zeigen, dass diese zwischen 10 und 12 sowie 14 und 17 Uhr liegen. Planen Sie Besprechungen so, dass Sie nicht gestört werden. Sie können sich die unruhigen Zeiten auch zunutze machen, indem Sie die Besprechungen so terminieren, dass sie Ihre effizienteste Arbeitszeit nicht übermäßig beanspruchen.

2 Natürliche Grenzen setzen

Setzen Sie Besprechungen so an, dass sie ihre natürliche Grenze am Ende der allgemeinen Arbeitszeit finden. So halten Sie den Zeitaufwand unter Kontrolle. Manche Führungskräfte planen Besprechungen zu ganz bestimmten Terminen ihrer Mitarbeiter: etwa um 11.30 Uhr, weil Sie wissen, dass der Mitarbeiter anschließend zum Essen gehen will.

3 3-Minuten-Regel beachten

Hängen Sie eine große Uhr auf. Kündigen Sie an, dass jeder Mitarbeiter nur drei Minuten Zeit hat, seine Meinung oder ein Referat vorzutragen. So hat nicht nur jeder Teilnehmer dieselbe Chance sich zu äußern, er kommt auch schneller zum Punkt. Natürlich können Sie auch eine 2-Minuten- oder

5-Minuten-Regel aufstellen. Wichtig ist nur, dass Sie sich auch wirklich daran halten! Der auffällige Blick zur Uhr wirkt im Übrigen ebenfalls disziplinierend.

4 Für vorbereitete Teilnehmer sorgen

Als Besprechungsleiter achten Sie darauf, dass sich alle Teilnehmer gut vorbereiten. Fehlen dennoch Unterlagen oder wissen Teilnehmer über bestimmte Punkte nicht Bescheid, über die alle bereits vorher informiert wurden, so unterbrechen Sie die Besprechung oder beenden Sie sie sogar.

5 Besprechungen am Ende der Arbeitszeit ansetzen

Eine Besprechung ist nach Möglichkeit nicht nach 16.00 Uhr anzusetzen und spätestens bis zum Ende der Arbeitszeit abzuschließen. Bei vielen Mitarbeitern wirkt die Aussicht auf einen verkürzten Feierabend nicht gerade motivierend. Es ist ihnen dann sowieso egal, wann Schluss ist.

6 Konfliktgespräche koordinieren

Bei Konfliktgesprächen legen Sie den Termin so, dass für beide Parteien genügend Zeit zur Problemlösung bleibt.

7 60:20:20-Regel beachten

Diese Regel spiegelt einen Erfahrungswert aus der allgemeinen Zeitplanung wider. Die Regel empfiehlt:

- 60 % der Zeit für dringende, wichtige Aufgaben fest zu verplanen. Dazu gehören bestimmte Routineangelegenheiten, Stellungnahmen der Teilnehmer, ein Bericht über die

aktuelle Situation in bestimmten Geschäftsbereichen oder auch die mögliche Änderung der Tagesordnungspunkte.
- 20 % der Zeit variabel zu lassen: für nicht vorhersehbare Themen, aktuell aufkommende Besprechungspunkte, die nicht verschoben werden dürfen.
- 20 % der Zeit für soziale Aktivitäten zu reservieren: große und kleine Pausen, Gespräche, Mittagessen. Der soziale Aspekt und der schnelle, unbürokratische Informationsaustausch bei Besprechungen ist nicht zu unterschätzen! In den Pausen kann außerdem so mancher Punkt bereits erledigt und Zielsetzungen überprüft werden. Darüber hinaus sind Pausen gerade für Führungskräfte wichtig, da sie hier den persönlichen Kontakt zu den Mitarbeitern intensivieren können.

8 Pausen einlegen

Der Leiter achtet auf die genaue Planung und Einhaltung der Pausen. Nach 45 Minuten sind nur noch etwa 75 % der Leistungsfähigkeit vorhanden! Schon fünf Minuten genügen um die Konzentration wieder zu erhöhen.

9 Zeitaufwand einschätzen

Wenn Sie einen Punkt aufnehmen, schätzen Sie gleich den Zeitaufwand mit ein! Es zeigt sich immer wieder: Sobald man eine Aufgabe formuliert, hat man noch den besten Überblick über den Aufwand.

10 Zeitplanbuch anlegen

Legen Sie sich ein Zeitplanbuch zu und führen Sie es sorgfältig oder verwalten Sie Ihre Termine digital konsequent. Planen Sie die Besprechung mit einer Jahresübersicht und nicht erst kurz vorher. Entscheiden Sie persönlich, welche Termine Ihre Sekretärin vergeben soll. Achten Sie bei Ihrer Zeitplanung auf Ihre Bedürfnisse. Kein anderer übernimmt das für Sie!

11 Sprechzeiten einrichten

Richten Sie persönliche Sprechzeiten ein. Viele Punkte, die sonst die Zeit mehrerer Teilnehmer einer Besprechung in Anspruch nehmen würden, können so von vornherein erledigt werden.

12 Besprechungen vermeiden

Überlegen Sie, wie Sie die Anzahl zeitraubender, überflüssiger Besprechungen verringern können. Ermutigen Sie Ihre Mitarbeiter dazu, das Telefon oder schriftliche Mitteilungen zu verwenden, wenn keine persönliche Kommunikation notwendig ist.

13 Problemlösungen anregen

Fordern Sie Ihre Mitarbeiter vor jeder Besprechung auf, für anstehende Probleme schriftlich zwei Lösungen zu formulieren. Viele Anfragen und Besprechungspunkte erübrigen sich auf diese Weise.

14 Moderatoren beobachten

Beoabachten Sie, wie andere Moderatoren Besprechungen leiten und wie sie sich innerhalb eines Zeitplanes verhalten. Lernen Sie daraus!

15 Themenplan erstellen

Fassen Sie die zu erwartenden Besprechungsthemen zusammen und lassen Sie die Liste Ihren Mitarbeitern vor Beginn des Gesprächs zukommen.

16 Zeitdruck nutzen

Wenn Sie kurz vor einer Besprechung sind und plötzlich jemand mit Fragen oder Problemen in Ihr Büro schneit, lassen Sie sich von ihm bis zum Besprechungsort begleiten. Das zwingt ihn sich kurz zu fassen und die Unterhaltung vor Erreichen des Besprechungszimmers abzuschließen. Natürlich können Sie oder der Mitarbeiter auch einen Gesprächstermin vereinbaren.

17 Besprechungen außerhalb des eigenen Büros führen

Lassen Sie den Mitarbeiter, der um eine kurze Besprechung bittet, nicht in Ihr Büro kommen. Besuchen Sie ihn! Sie können dann das Ende des Gesprächs leichter bestimmen, weil Sie es sind, der geht.

18 Besprechungen terminieren

Legen Sie Besprechungen so früh wie möglich fest, vor allem, wenn sie sich wiederholen. Je weiter im Voraus geplant wird, desto besser können die Termine von den Mitarbeitern eingeplant werden.

19 Notwendigkeit überprüfen

Überzeugen Sie sich davon, dass die Besprechung der einzige und effektivste Weg ist, die gewünschten Ergebnisse zu erzielen. Besprechungen sind zeit- und kostenintensiv!

20 Zeitdauer festlegen

Eine feste Sitzungsdauer hat den Vorteil, dass alle Teilnehmer sie einplanen können, ebenso die Zeit danach. Ausschweifende Redner lassen sich unter Hinweis auf den Zeitplan besser unter Kontrolle halten.

21 Schriftlich planen

Planen Sie immer schriftlich und lassen Sie den Teilnehmern die vereinbarten Termine auf einer Liste zukommen. Nur was schriftlich fixiert ist, bleibt überschaubar. Bestimmen Sie auch sofort den Zeitbedarf für jeden aufgestellten Punkt.

22 Stimmen Sie sich ab

Stimmen Sie den Zeitplan mit den Beteiligten ab. Sollten nicht alle Teilnehmer zu allen Besprechungspunkten anwesend sein müssen, planen Sie gemeinsam die Präsenzzeiten.

23 Listen und Übersichten anlegen

Legen Sie Listen für alles an, was Ihre Besprechungsplanung betrifft. So behalten Sie den Überblick und erkennen mögliche, damit verbundene Störfaktoren. Sie können z.B. eine Themenliste, Monatsliste, Prioritätenliste, Terminliste oder eine Informationsliste anlegen.

24 In Zeitabschnitten planen

Planen Sie überschaubare Zeitabschnitte (ggf. nehmen Sie eine Untergliederung des Themas in mehrere Unterpunkte vor). Vermeiden Sie zu knapp bemessene Zeitabschnitte. Schließen Sie mögliche Pufferzeiten ein.

25 Besprechungen bündeln

Beachten Sie hier mehrere Punkte:

- Fassen Sie gleichartige Besprechungspunkte zusammen.
- Bündeln Sie kleinere Besprechungspunkte, die sich keinem der schon bestehenden Tagesordnungspunkte zuordnen lassen. Wenn Sie welche erhalten, schreiben Sie sie sofort auf. Anschließend gruppieren Sie diese wie Sie wollen. Wenn Sie dann mehrere gesammelt haben und in Ihrem Besprechungsplan ein „Loch" entsteht, erledigen Sie diese kleinen und kleinsten Aufgaben in einem Block. Streichen Sie die kleinen Punkte auf der Liste als erledigt durch.
- Vergleichen Sie die bereits benötigte Zeit mit der noch zur Verfügung stehenden. Eliminieren Sie bei Zeitnot Punkte mit niedriger Priorität. Prüfen Sie dabei, ob Sie oder ein

anderer Teilnehmer die anderen möglicherweise mit seinem Lieblingsthema langweilt.

- Um von einem technischen Problem auf ein soziales umzusteigen, braucht es eine gewisse Zeit zum Umschalten. Vermeiden Sie zu viele solcher Zeiten, sie sind „Leistungsfresser".
- Vermeiden Sie unnötige Leerzeiten zwischen einzelnen Besprechungen. Doch lassen Sie sich dazwischen genügend Zeit für die Vorbereitung.

26 Wählen Sie den richtigen Ort

Er sollte allen Anforderungen entsprechen und für die Teilnehmer auf kürzestem Wege zu erreichen sein. Lange Autofahrten sind verschwendete Zeit.

Formulieren Sie Ziele!

Einer der wichtigsten Schritte bei der Vorbereitung von Besprechungen ist die sorgfältige Formulierung der Ziele. Doch was sind Ziele eigentlich? Wir machen immer wieder die Erfahrung, dass die Definitionen sehr unterschiedlich ausfallen. Die einen verstehen unter Zielen zukünftige Absichten oder Visionen. Pragmatiker meinen hingegen konkrete Ergebnisse und Messbares. Wieder andere sprechen von Zielen als Methoden oder Vorgehensweisen, mit deren Hilfe man etwas erreicht. Jedenfalls zeigt die Praxis, dass wir eine einfache und für alle verständliche Definition brauchen, damit kein begrifflicher Wirrwarr entsteht:

Formulieren Sie Ziele!

Mit der Zielformulierung stellen wir dar,

- weshalb etwas Bestimmtes,
- auf welche Weise,
- mit welchem messbaren Ergebnis,
- bis wann erreicht werden soll.

Was erreichen wir mit der Zielformulierung?

- Klarheit und Berechenbarkeit. Wer dieses Instrument einsetzt erkennt erst, wie schwierig es ist präzise und klar zu formulieren. Das ist aber wichtig.
- Die Zielformulierung ist ein Dokument, das später herangezogen werden kann, um Vereinbartes und Erreichtes miteinander zu vergleichen. Manche Führungskräfte und Mitarbeiter strengen sich übrigens sehr an, die Zielformulierung möglichst unklar zu lassen. Dann können sie später nicht an ihren eigenen Zielen gemessen werden.
- Die Zielformulierung steigert Ihre Führungseffektivität. Sie zwingt Sie dazu, dort Unterstützung zu geben, wo sie gebraucht wird. Andererseits entlastet es Sie von Aufgaben, die andere viel besser können.
- Ziele führen zu brauchbaren Ergebnissen.
- Sie haben den Kopf frei für das Wesentliche und stärken die eigene Verhandlungsposition.
- Sie sind auf Absehbares vorbereitet.
- Alle für die Zielerreichung wichtigen Informationen haben Sie zusammengetragen.

- Verwirrspielen des Gesprächspartners begegnen Sie leichter, weil der rote Faden festliegt.

Welcher Art sind die Ziele?

Wir unterscheiden zwei Arten von Zielen: Mussziele, die wir in einer Besprechung unbedingt erreichen müssen, und Negativziele. Mit Negativzielen bezeichnen wir Problemlösungen, die Sie oder Ihre Gesprächspartner vermeiden wollen. Indem die Teilnehmer von vornherein klarstellen, welche Lösungen sie auf keinen Fall wünschen, umgeht man das für Besprechungen typische Aneinander-vorbeireden.

Wann setzen Sie Zielformulierungen ein?

Sie setzen die Zielformulierung immer ein, wenn eine klare und verbindliche Absichtserklärung notwendig wird, z. B.

- bei persönlichen Abmachungen
- bei Aktionen mit verschiedenen Personen
- bei Fördergesprächen und den zyklischen Zielvereinbarungen mit Mitarbeitern
- bei Aufgabenstellungen an Mitarbeiter
- bei problematischen Mitarbeitern, mit denen Sie ganz spezifische zusätzliche Ziele vereinbaren, um die Bereitschaft zur Mitarbeit zu klären. Dies gilt z. B. für Mitarbeiter mit Alkoholproblemen, bei Leistungsabfall oder Abmahnungen
- bei Neueinstellungen für die Probezeit und die daran anschließenden Zeitabschnitte

- gegenüber Vorgesetzten, bevor und wenn Sie selbst eine neue Funktion übernehmen
- bei Abmachungen mit dem Vorgesetzten
- bei Kundengesprächen
- bei Mitarbeitern, die Sie übernehmen (bevor Sie dies tun)

Die vier Schritte der Zielformulierung	
1	Bereiten Sie jede Besprechung mithilfe des folgenden Arbeitsblattes zur Zielformulierung vor.
2	Beantworten Sie die Fragen nach Möglichkeit schriftlich. Reservieren Sie sich dazu Zeit.
3	Händigen Sie dieses Blatt spätestens bei Beginn der Besprechung Ihren Gesprächspartnern aus. Fragen Sie, ob weitere Punkte wichtig sind.
4	Sammeln Sie Ihre Zielformulierungen. Sie werden bestimmte Inhalte immer wieder verwenden können.

Zielformulierung für mein Gespräch zum Thema

Teilnehmer:

Datum/Ort: **Sonstiges:**

1. Was ist mein Hauptziel?

2. Welche Punkte könnten/müssen zur Sprache kommen?

3. Welche Entscheidungen könnten/müssen getroffen werden?

4. Was muss ich erreichen?

5. Was muss ich vermeiden?

6. Was muss mein Gesprächspartner erreichen?

7. Was muss mein Gesprächspartner vermeiden?

8. Welche Ziele decken sich?

9. Wo liegen unsere möglichen Zielkonflikte?

10. Wo fehlen noch Informationen?

Jede Besprechung ist anders

Besprechungen variieren in ihrer Zielsetzung. Aufgrund dieser Zielsetzung definieren wir den Besprechungstyp. Häufig entsteht Frustration dann, wenn weder den Mitarbeitern noch den Leitern klar ist, welcher Besprechungstyp angesetzt wurde. Stellen Sie sich vor, ein Teilnehmer erscheint zu einem Meeting in der Annahme, seine Meinung sei gefragt, dabei wollen Sie ihn lediglich über eine bereits getroffene Entscheidung informieren. Um Missverständnissen und Ärger vorzubeugen, sollten Sie daher immer erst herausfinden, welchen Besprechungstyp sie ansetzen möchten, und im zweiten Schritt ihre Mitarbeiter darüber informieren.

Gerade in den mittleren Führungsebenen wird vielfach über mangelnde Vorbereitungsmöglichkeiten für Besprechungen geklagt. Meist versäumt man, im Voraus über den geplanten Besprechungstyp zu informieren. Das Wissen desjenigen, der die Besprechung einberuft, dringt nicht bis zu den Teilnehmern durch. Gelegentlich wird auch bewusst mit fehlender oder unzureichender Information operiert. Der Mitarbeiter wird absichtlich im Unklaren gelassen, damit der Vorgesetzte nicht oder nur schwer angreifbar ist.

Warum ist es so wichtig, den Besprechungstyp festzulegen?

Für die Teilnehmer

- Sind diese kaum oder gar nicht über die Besprechung orientiert, kann das zu vornehmer Zurückhaltung oder zu fehlender Motivation bei dieser und den nächsten Besprechungen führen.
- Es ist viel leichter die auf einer Besprechung vereinbarten Aktivitäten später umzusetzen, wenn die am Meeting Beteiligten die notwendigen Maßnahmen verstehen und innerlich nachvollziehen.
- Will jemand mit Ihnen unter vier Augen etwas klären, erhält er durch die Ankündigung der Besprechung Gelegenheit, dies zu tun. Er kann für das Gespräch seine Themen zusammenstellen.

Für Sie als Leiter

- Sie arbeiten konzentrierter, wenn Sie sich selbst über den Besprechungstyp klar geworden sind.
- Sie steigern die Leistungsbereitschaft der Teilnehmer. Diese melden früher Bedürfnisse an und klären für sich, welche Rolle sie innerhalb des Meetings übernehmen.
- Während der Besprechung können Sie leichter auf das Ziel und die Art der Aufgabe verweisen. So müssen Sie nicht lange argumentieren, wozu die Besprechung und das mögliche Ergebnis dienen.

Welche Besprechung plane ich?

Grundsätzlich ist zwischen Besprechungen zur Information und Besprechungen zur Problemlösung zu unterscheiden.

- **Informative Besprechungen**

    zielen darauf ab, Wissensdefizite von Mitarbeitern zu beheben. Die Besprechungen werden durchgeführt, um über innerbetriebliche oder abteilungsinterne Veränderungen, den Stand von bestimmten Projekten, Kundenbeziehungen und über strategische Inhalte oder auch neue Produkte zu berichten. Reine Informationsbesprechungen brauchen nicht in ihrer Teilnehmerzahl beschränkt werden. Informationsveranstaltungen können vom Vorgesetzten oder von Mitarbeitern (die beispielsweise über eine interessante Entwicklung berichten) oder einem Außenstehenden geleitet werden. Solche Veranstaltungen verwandeln sich jedoch sehr oft plötzlich aufgrund von anstehenden Fragen und unklaren Antworten in eine Problemdiskussion. Wenn Probleme auftauchen, ist eine Informationsveranstaltung jedoch nicht der rechte Platz um diese abzuarbeiten. Zu ihrer Bearbeitung muss eine separate Besprechung zur Problemdefinition oder bereits zur Lösungssuche durchgeführt werden.

- **Besprechungen zur Problemlösung**

    Im Klartext heißt das, dass für jeden einzelnen Schritt im Problemlösungsprozess eine separate Besprechung notwendig werden kann in Abhängigkeit von den jeweiligen Aufgaben. Eine jede dieser verschiedenen Besprechungsarten kann sogar mit unterschiedlichsten Teilnehmern durchgeführt werden. Die zeitliche Abfolge der verschiedenen Problemlösungsbesprechungen hängt einzig von der zeitlichen, fachlichen und formalen Kompetenz der Teilnehmer ab. Wichtig ist vor allem:

- Keiner der Lösungsschritte darf übersprungen werden und
- die Beteiligten müssen sich darüber bewusst sein, in welchem Abschnitt des Problemlösungsprozesses sie sich befinden.

Die sechs Schritte des Problemlösungsprozesses

1. Besprechung zum Erkennen und Definieren des Problems
2. Besprechung zum Suchen nach Lösungen
3. Besprechung zur Bewertung der Lösungen und für die Lösungsauswahl
4. Besprechung zum Bündeln der Lösungen und zur Erstellung eines Handlungsplans
5. Besprechung zur praktischen Durchführung der Lösungen
6. Besprechung zur Kontrolle der durchgeführten Lösungen.

Es können in jeder Besprechung der eine oder andere Schritt zusammen in einer einzigen Besprechung abgehandelt werden. Es sind je nach Aufgabenstellung mehrere Sitzungen zu einem dieser Schritte erforderlich. Es ist auch möglich, bestimmte Schritte bereits außerhalb einer Besprechung vor zubereiten. Dann kann die Gruppe die Vorschläge neu auswerten oder darüber abstimmen.

Nach der Diagnose des Besprechungstyps lassen sich die situativ angepassten Verhaltensweisen, d.h. der für diese Besprechung geeignetste Führungsstil, ableiten.

Vielfach mischen sich innerhalb einer Besprechung die verschiedenen Besprechungstypen, sodass im weiteren Verlauf zu verschiedensten Führungsstilen gegriffen werden muss.

Die folgenden Fragen und die anschließende Checkliste helfen Ihnen dabei, Ihren Besprechungstyp genauer zu definieren.

- Ist die Besprechung Teil des Krisenmanagements? Muss ich wichtige Anordnungen treffen?
- Will ich informieren oder wichtige Informationen austauschen?
- Muss ich Vertragsverhandlungen führen?
- Hat eine Kommission bindende Entscheidungen zu treffen?
- Will ich die kollegiale Zusammenarbeit fördern?
- Dient die Besprechung der Beratung?
- Handelt es sich um ein Mitarbeitergespräch mit dem Ziel der Meinungsbildung oder Verhaltensänderung?
- Will ich eine Schulung durchführen?
- Geht es um Kontaktpflege?
- Verfolge ich gemischte Ziele?

Checkliste: Besprechungstypen und Aufgaben

Anordnende Besprechung, Befehlsausgabe

Ziele	▪ gezielte Handlungen
	▪ Aufgabenverteilung: Die Arbeitsatmosphäre ist leiterzentriert, wobei der Leiter völlige Kontrolle ausübt
Beteiligte	▪ Leitende: Manager (Direktoren, Vorstände, höhere Vorgesetzte wie Produktionsleiter und Betriebsleiter)
	▪ Teilnehmer: Mitarbeiter der/des Leitenden

Information

Ziele	▪ reine Information durch Vorgesetzte
	▪ Lösungen werden nicht erwartet
	▪ Fragen werden (besonders bei größeren Gruppen) kaum geklärt
Beteiligte	▪ einzelne oder mehrere höhere Vorgesetzte
	▪ einzelne ausgewählte Gruppen oder ganze Belegschaften

Verhandlungen, gemischter Stil

Ziele	▪ Einigung auf eine Lösung, im Allgemeinen auf einen Vertrag bezogen
	▪ bringt eine Entscheidung, welches die beste Lösung im Eigeninteresse der Teilnehmenden ist
	▪ im Allgemeinen einen Kompromiss

Beteiligte	■ eine bestimmte Person oder Gruppe mit klaren Zielen
	■ verschiedenste Personen oder Gruppen mit unterschiedlichsten Zielen
	■ sie einigen sich letztendlich, weil sie voneinander abhängig sind

Moderation, kollegiales Meeting, parnerschaftlicher Stil

Ziele	■ Einigung auf Lösungen durch rationales Vorgehen und Verständnis
	■ praktikable und sofort umsetzbare Lösungen werden erarbeitet
Beteiligte	■ anerkannter Moderator mit gleichem Status oder den geforderten beruflichen oder moderierenden Erfahrungen
	■ Beiträge von jedem werden gleich gewichtet, da sie auf erworbenem Wissen und Fähigkeiten basieren

Kommission, partnerschaftlicher Stil

Ziele	■ Kommission trifft bindende Bewertung der verschiedenen Lösungsmöglichkeiten und fällt Entscheidung
	■ kollektive Verantwortlichkeit für alle Bewertungen und Entscheidungen
Beteiligte	■ gewählter/ernannter Vorsitz
	■ Vertreter verschiedener Körperschaften mit gemeinsamem Interesse an den Themen

Beratung zu Sachproblemem, partnerschaftlicher Stil

Ziele	- Sammlung und Verarbeitung von Ideen, Informationen, Problemlösung; Ratschlägen
	- gemeinsame Erarbeitung von Lösungsansätzen; das Arbeitsklima ist locker und informell
Beteiligte	- Führungskräfte aller Hierarchieebenen
	- ausgewählte Mitarbeiter aus allen möglichen Bereichen
	- hinzugezogene interne oder betriebsfremde Berater

Persönliches Mitarbeitergespräch

Ziele	- Meinungsdarstellung, Klärung und Rückmeldung des Vorgesetzten an den Mitarbeiter
	- Zielsetzung für die Zukunft
Beteiligte	- Vorgesetzter
	- Mitarbeiter

Schulung, verschiedene Führungsstile, Lehrerzentriert

Ziele	- Erlernen und Erarbeiten von Inhalten
	- klare Aufgabenteilung
Beteiligte	- Trainer, Vorgesetzter
	- Vorgesetzte, Mitarbeiter

Wer soll teilnehmen?

Je nach Besprechungstyp (Verhandlung, Informationsveranstaltung, Schulung etc.) überlegen Sie sich, wer daran teilnehmen und welche Aufgaben er übernehmen soll. Die Auswahl der Teilnehmer bedarf einer sorgfältigen Prüfung, denn jeder unmotivierte Mitarbeiter verschwendet nicht nur wertvolle Arbeitszeit, sondern steckt Kollegen möglicherweise mit seiner Lustlosigkeit an. Laden Sie nur diejenigen ein, die sinnvolle und wichtige Beiträge zu den anstehenden Tagesordnungspunkten beisteuern können. Bei der Auswahl helfen Ihnen Kriterien, die wir für Sie zusammengestellt haben.

Warum sind Auswahlkriterien wichtig?

- Sie brauchen methodische Kenntnisse um Teilnehmer so auszuwählen, dass die Besprechungsrunde die Funktion einer Arbeitsgruppe effizient wahrnehmen kann. Am besten ist es, wenn Sie nur diejenigen einladen, die sinnvolle und wichtige Beiträge zu den zur Diskussion stehenden Tagesordnungspunkten beisteuern.

- Wenn Sie sich immer gewissenhaft fragen, warum Sie gerade diesen oder jenen Mitarbeiter einladen wollen, vermeiden Sie Besprechungen, die aus Routine stattfinden, nur traditionellen Charakter haben oder der Kontaktpflege dienen. Unter Umständen stellen Sie fest, dass sich manche Probleme unter vier Augen oder schriftlich erledigen lassen.

- Es ist äußerst wichtig, dass alle Teilnehmer wissen, was von ihnen erwartet wird. Geben Sie die Auswahlkritierien bekannt! Dann weiß jeder eingeladene Mitarbeiter, wie vorbereitet und informiert er teilnehmen muss.

Nach welchen Kriterien wählen Sie aus?

Die folgende Checkliste stellt die wichtigsten Kriterien für die Auswahl Ihrer Teilnehmer zusammen.

1. Notieren Sie sich vor dem Weiterlesen drei bis vier Kriterien, die aus Ihrer Sicht für die Teilnahme wichtig sind.
2. Lesen Sie anschließend die nachfolgende Checkliste.
3. Wenn Sie einige Fragen nicht mit „Ja" beantworten können: Sind diese Fragen für Sie relevant?
4. Überlegen Sie bei jeder Antwort mit „Ja", ob Sie die Aufgabe auch ohne Besprechung lösen können, beispielsweise durch schriftliche Information oder Gespräche unter vier Augen.

Checkliste: Auswahlkriterien für die Teilnehmer an einer Besprechung

Kriterium	Ja
■ Jeder der Anwesenden hat eine dem Besprechungsziel dienende Funktion.	☐
■ Jeder Teilnehmer weiß über die an ihn gestellten Erwartungen Bescheid.	☐
■ Es braucht spezielles Wissen, das die Teilnehmer entweder mitteilen oder ich ihnen mitteilen werde.	☐
■ Die Präsentation von bestimmten Fakten, Informationen und Meinungen durch bestimmte Personen ist erforderlich, weil deren Beschaffung auf anderem Wege zu viel Zeit in Anspruch nehmen würde.	☐
■ Die Koordination mit anderen Abteilungen ist erforderlich. Weil diese Koordination sehr wichtig ist: Wer muss von diesen anderen Abteilungen dabei sein?	☐
■ Es nehmen nur solche Mitarbeiter an einer Besprechung teil, die selber davon profitieren können und wollen und/oder eine klare Aufgabe in und/oder nach der Besprechung zu erfüllen haben. Aber: Wenn Mitarbeiter des Öfteren von Sitzungen mit informativem Charakter ausgeschlossen werden, entsteht Misstrauen. Die Teilnahme dient der Vertrauensbildung.	☐
■ Durch bestimmte Teilnehmer werden verschiedenste Zielsetzungen mit eingebracht. Diese wirken sich positiv auf die Dynamik der Besprechung aus.	☐

- Mit den beteiligten Besprechungsteilnehmern werden eher Lösungen als Kompromisse erreicht. Es ist so, dass mehr Teilnehmer auch mehr Ergebnisse bringen. ☐
- Mit den Besprechungsteilnehmern gibt es Entscheidungen, die repräsentativ sind. ☐
- Mit den beteiligten Besprechungsteilnehmern werden Probleme durchdiskutiert und nicht wegdiskutiert. ☐
- Wichtige Punkte werden von einigen nicht vergessen/ignoriert sondern angesprochen, obwohl die Punkte unbequem sind. ☐
- Besprechungen sind eher konsistent bei Entscheidungen, als Einzelentscheide oder bilaterale Entscheidungen. ☐
- Ich schaffe Klarheit darüber, wer die Verantwortung für die Folgen von bestimmten Entscheidungen trägt. ☐
- Mit allen Besprechungsteilnehmern werden Entscheidungen beschleunigt. ☐
- Die Sitzung ist eine wertvolle Zeit für alle Beteiligten ☐
- … ☐
- … ☐
- … ☐

Stimmt die Gruppengröße?

Die Produktivität eines Meetings und die Zufriedenheit der Teilnehmer werden maßgeblich von der Gruppengröße beeinflusst. Grundsätzlich gilt dabei: Je kleiner die Gruppe, desto besser für das Fortkommen der Besprechung.

Wieviele Teilnehmer sind zu empfehlen?

- Erfahrungsgemäß liegt die Idealgröße bei fünf bis sieben Teilnehmern.
- Sobald mehr als zehn Mitarbeiter teilnehmen, droht die Besprechung unübersichtlich zu werden.
- Wenn wir in der Besprechung zwischen „Befriedigung" und „Produktivität" als zwei Maße für Effektivität unterscheiden, dann gilt Folgendes:

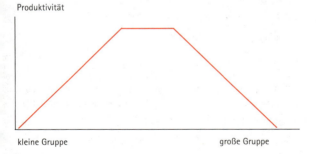

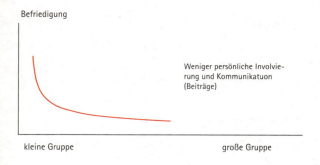

Was sollten Sie auf jeden Fall tun?

- Lassen Sie Mitarbeiter, die nur einen kleinen Beitrag zur Besprechung leisten müssen, nach dem Vortrag wieder an ihren Arbeitsplatz zurückkehren!
- Eine Besprechung wird nicht deshalb erfolgreicher und beeindruckender, weil Sie einen riesigen Stab von Mitarbeitern herbeizitieren.

Die Tagesordnung

Die Tagesordnung bzw. der Besprechungsplan ist der rote Faden jeden Meetings. Außerdem ermöglicht er eine abschließende Erfolgskontrolle. Gibt es einen solchen Plan nicht, ist die Gefahr groß, sich zu verzetteln. Nehmen Sie sich also die Zeit für die Vorbereitung, meist genügt schon ein halbes Stündchen!

Bei der Aufstellung der Tagesordnungspunkte kristallisieren Sie die wichtigen und dringenden Probleme heraus und schätzen realistisch ein, wie Sie diese in kürzester Zeit gemeinsam lösen können.

Besprechen Sie Ihre Tagesordnung anschließend mit den Teilnehmern, möglicherweise haben sie noch Anregungen oder Verbesserungsvorschläge. Anschließend verteilen Sie die Tagesordnung, damit sich jeder vorbereiten kann. Lassen Sie außerdem rechtzeitig beizuheftendes Material zusammenstellen. Nicht selten werden Besprechungen aufgehalten oder verzögert, weil Mitarbeiter nach wichtigen Unterlagen suchen.

> Überladen Sie die Tagesordnung nicht! Sie stellen damit die Teilnehmer unter Zeitdruck und sorgen für schlechte Stimmung. Ineffektive Besprechungen wären das Ergebnis.

Wie gehen Sie organisatorisch vor?

1 Sobald Sie einen Termin für die Besprechung vereinbart haben, beginnen Sie mit der Materialsammlung. Idealerweise legen Sie sich dazu im PC oder in Ihrem Zeitplaner einen Besprechungsplan an (siehe nachfolgendes Muster).

2 Sie tragen sich einen Termin ein, an dem Sie die Besprechung endgültig vorbereiten.

3 Eine Woche vor dem Termin erstellen Sie den Plan und senden ihn den Gesprächspartnern mit der Angabe eines Termins zur Rückmeldung zu.

Das Formblatt für Themenvorschläge und Anregungen könnte folgendermaßen aussehen:

Besprechungsplan

TOPS der Besprechung vom:	
Thema:	
Vorbereitet durch:	
Anwesende:	

Vorschlagender	Thema	Angenommen: ja / nein	Wer/Was

4 Sie sichten das zurückgekommene Material und integrieren es. Sie verschicken die fertigen Unterlagen an die Teilnehmer.

> Falls Sie selbst Teilnehmer eines Meetings sind und der Besprechungsleiter mit Vorbereitungsmaterial auf sich warten lässt, erinnern Sie ihn daran! Schließlich geht es um Ihre Arbeitszeit.

Wie gehen Sie inhaltlich vor?

1 Sammeln Sie zunächst die wichtigen und dringlichen Themen.

2 Identifizieren Sie anschließend Routineangelegenheiten. Setzen Sie diese an den Anfang der Tagesordnung.

3 Schließen Sie jetzt Punkte an, die bei der letzten Besprechung offengelassen wurden.

4 Bringen Sie die wichtigen Themen, die Sie zu Beginn identifiziert haben, in eine logische Reihenfolge. Die wichtigsten nehmen Sie nach vorn.

5 Führen Sie „Themen der nächsten Besprechung" als einen separaten Punkt auf.

Wie gehen Sie formal vor?

1 Nennen Sie Datum, Zeit, Ort, Teilnehmer und das Thema der Besprechung. Findet eine Besprechung regelmäßig statt, sollten sich alle Teilnehmer frühzeitig auf einen Besprechungskalender einigen. Dieser kann als Teil des Protokolls (vgl. dazu das Kapitel „Wie Sie Besprechungen nachbereiten") jedem zugestellt werden.

2 Nummerieren Sie die einzelnen Punkte durch. Jeder Besprechungspunkt muss – nach Prioritäten geordnet – nummeriert sein. Wenn dann aus irgendwelchen Gründen die Diskussion nicht der vorgegebenen Reihenfolge folgt, muss der Vorsitzende die Gründe hierfür angeben. Gerade für Teilnehmer, deren Beitrag oder Angelegenheit verschoben wird, ist das wichtig.

3 Vermeiden Sie Verwirrung! Falls Sie die Tagesordnung mit einer Einladung verbinden, setzen Sie beides deutlich voneinander ab.
4 Flüchtigkeits- und Tippfehler machen keinen guten Eindruck!

> Halten Sie die Unterlagen so knapp wie möglich! Teilnehmer reagieren zu Recht verschnupft, wenn Sie vor jeder Besprechung einen dicken Aktenordner zur Vorbereitung erhalten.

Beispiele für gute und schlechte Besprechungspläne

Negativbeispiel: Tagungs- und Besprechungsvorbereitung

	TOPS	der Vertriebsleitertagung vom 15. Mai 20XX
	Zeit:	9.00 bis ca. 17.00
	Anwesende:	Herr Dr. Arm, alle Vertriebsleiter
	TOP 1	Allgemeines
	TOP 2	Zahlen 2. Quartal 20XX
	TOP 3	Neue Vertriebsstruktur
	TOP 4	Personelles
	TOP 5	Produkte
	TOP 6	Incentives/neue Ziele 20XX
	TOP 7	Offenes

Ein Besprechungsplan nach dem Prinzip des Problemlösungsprozesses beschleunigt und strafft hingegen die Diskussionen.

Positivbeispiel 1: Tagungs- und Besprechungsvorbereitung

Ort:	Berlin
Datum:	12.6.20XX
Zeit:	09.00 Uhr
Teilnehmer:	Dr. Arm, alle Führungskräfte des Vertriebs
Thema:	Quartalsbesprechung II/20XX
Leitung:	Dr. Arm

1. Information
2. Besprechung zum Erkennen und Definieren des Problems
3. Besprechung zum Suchen nach Lösungen
4. Besprechung zur Bewertung der Lösungen und Lösungsauswahl
5. Besprechung zum Bündeln der Lösungen und zur Erstellung eines Handlungsplanes
6. Besprechung zur praktischen Durchführung der Lösungen
7. Besprechung zur Kontrolle der durchgeführten Lösungen

Themen	Schritt							Vorbereitung, Besprechungsleiter	Zeit
	1	2	3	4	5	6	7		
1. Allgemeine Info • neue Produkte • Großkundenkontakte • neue Vertriebsstruktur	x x x x							Dr. A.	30'
2. Quartalszahlen	x	x					x	alle, Dr. A	60'
3. aktuelle Aktionen	x			x				Dr. A., alle	60'
4. Personalprobleme	x	x	x	x	x	x		Dr. Bi., alle	30'
5. Offenes	x					x		alle	30'

Positivbeispiel 2: Tagungs- und Besprechungsvorbereitung

Anlass und Zielsetzung:	Planung und Vorgehen Hr. Stock/Dr. Bischof
	Planung Weiterbildung für Vertriebsleiter

Tag und Zeitpunkt: 17. Mai 20XX	Dauer: 10.00 bis ca. 17.00 Uhr
Raum:	Bereits reserviert: ja
Besprechungsteilnehmer:	Hr. Stock, Dr. Bischof

Tagesordnung/Besprechungspunkte:	Zeit
1. aktuelle Situation	9.00–11.00
2. Rückmeldung der Vertriebsleitertagung: Diskussion?	11.00–12.30
3. Planung und Vorgehen Hr. Stock/Dr. Bischof:	
Diskussion und Entscheidung	13.00–14.00
4. Planung Weiterbildung für Vertriebsleiter:	
Diskussion und Entscheidung	14.00–18.00

Welche Informationen müssen bei der Besprechung verteilt werden?	
• zum Punkt 2:	siehe Anlage 1
• zum Punkt 3:	siehe Anlage 2
• zum Punkt 4:	siehe Anlage 3
Routinefragen:	keine

Offene Punkte der letzten Besprechung:	keine
Neue Punkte:	???
Themen der nächsten Besprechung:	offen
Welche Fragen sind zu klären:	offen

Welche Unterlagen und Hilfsmittel werden benötigt?	
Berichte	keine
Anschauungsmaterial	bringt Dr. Bischof
Flip-Chart	ja
OH-Projektor	ja
Stecktafel	ja

Protokoll der letzten Sitzung:	keines
Protokollführer/Datum:	Dr. Bi/9. Mai 20XX
Einladende Stelle:	
Unterschrift:	

Check-up für die Vorbereitung

In der folgenden Checkliste haben wir für Sie noch einmal alle wichtigen Schritte für die Vorbereitung Ihrer Besprechung zusammengestellt. Bevor Sie in die nächste Sitzung gehen, stellen Sie anhand der Liste sicher, dass Sie an alles gedacht haben!

Denken Sie immer daran: Nur gut vorbereitete Arbeitsgespräche und ihre geschickte Leitung garantieren, dass die wertvolle Arbeitskraft aller Beteiligten nicht vergeudet wird. Weder ein Vorgesetzter, der notwendigen Besprechungen ausweicht, noch der, der seine Mitarbeiter ständig durch Konferenzen von anderen Aufgaben fernhält, erfüllt seine Führungsaufgabe.

Hier noch einmal die wichtigsten Schritte für Ihre Vorbereitung:

1   Die eigene Zielsetzung formulieren.
2   Die Besprechung planen (Checkliste!). Erscheint eine Besprechung wirklich als der beste Weg ein Ziel zu erreichen, so wickeln Sie nicht aus dem Stegreif ab, planen Sie!
3   Die Teilnehmer ausführlich informieren (Arbeitsblatt, Einladung, Tagesordnungspunkte, Diskussionsgrundlagen).
4   Das Material bereitstellen (Arbeitsblatt).

Checkliste: Elementare Punkte bei der Vorbereitung der Besprechung

Vorbereitende Punkte	Ja
- Zielsetzung und Zweck sind formuliert? Das banal Erscheinende wird oft vernachlässigt. Wenn es keinen Anlass gibt, gibt es keine Besprechung.	☐
- Planung und Ankündigung ist durchgeführt?	☐
- Die Häufigkeit der Besprechungen ist festgelegt? Sie hängt von der vorliegenden Problemstellung ab.	☐
- Wurde die Priorität der Besprechung eingeschätzt? Wie wichtig ist diese Besprechung für die Teilnehmer im Vergleich zu anderen Unternehmensangelegenheiten? Entscheidet die Gruppe oder der Einzelne das für sich selber?	☐
- Haben jeder Teilnehmer und der Besprechungsleiter einen Stellvertreter für die Besprechungen? Dieser ist auf dem Laufenden zu halten. Von der Priorität der jeweiligen Sitzung hängt es ab, ob der Stellvertreter eingesetzt wird.	☐
- Wenn gegeben: Effizienter und der Situation angemessener Leiter bestimmt und informiert?	☐

- Wenn nötig: Sekretärin oder Assistentin bestimmt? ☐
  Eine Person, die selbstständig handeln kann und
  kompetent bei der Vorbereitung und möglicherweise auch bei der Durchführung und der Nachbereitung der Besprechung hilft. Sie kann eventuell
  auch das Protokoll führen.

- Wenn gewünscht und sinnvoll, möglichst frühzeitig ☐
  den Protokollanten bestimmen: Jemand der mit-
  schreibt, welche Entscheidungen gefällt werden,
  welche Handlungen zu veranlassen sind und welche
  Empfehlungen getroffen werden. Eine bereits funk-
  tionierende Gruppe kann auch selber entscheiden,
  wer und sogar was protokolliert wird. Es sollte nicht
  der Besprechungsleiter sein, er braucht die Aufmerksamkeit für den eigentlichen Besprechungs-
  prozess.

- Sind die Teilnehmer ausgewählt? Bei Arbeitsgrup- ☐
  pen möglichst nicht über 15 Teilnehmer gehen.

  - Die Gruppengröße bestimmen. ☐
  - Teilnehmer rechtzeitig einladen und ausführlich ☐
    informieren.
  - Erwartungen an die Leistung der Teilnehmer ☐
    bestimmen.
  - Welcher Beitrag wird von ihnen erwartet? ☐
  - Welche Unterlagen sollen die Mitarbeiter selbst ☐
    beschaffen und mitbringen?

- Wer soll einen Bericht oder ein Kurzreferat übernehmen? ☐
- Gegebenenfalls ist schriftliches Material vorher an die Teilnehmer zu versenden. ☐

- Datum und Uhrzeit sind festgelegt und abgestimmt? Wenn sich Besprechungen wiederholen, ist ein langfristiger Zeitplan festzulegen (z. B. jeden ersten Donnerstag im Monat). Lassen Sie vor Beginn der Besprechung auch etwas Zeit, damit sich die Teilnehmer untereinander austauschen können. ☐

- Zeitrahmen ist geplant? Die Dauer der Besprechung muss unbedingt abgesprochen, geplant und angegeben werden. Lieber mehrere Besprechungen ansetzen als die einzelnen zu lange andauern lassen. Möglicherweise die Teilnehmer bei der Bestimmung des Zeitrahmens auch mitbestimmen lassen. ☐

- Ort ist reserviert? Ruhe und Bequemlichkeit fördern die Besprechung. Das Besprechungszimmer, Getränke, Mahlzeiten und gegebenenfalls die Unterkunft und deren Zweckmäßigkeit überprüfen. Reservieren Sie im Bedarfsfalle die gewünschten Räumlichkeiten. ☐

- Räumliche Ausstattung ist festgelegt (Stühle, Tische, TV, Video, Schreibmaterial, Beamer, Belüftung) und Tagungsraum reserviert? Flip-Charts und Wandtafeln sind ausgezeichnete Visualisierungsmittel. Alle Teilnehmer sollten sich sehen können und genügend Platz zum Sitzen und Schreiben haben. Der Chef muss nicht immer am Kopfende sitzen. ☐

- Tagesordnungspunkte und Ablaufplan sind erstellt (Pausen, Bewirtung...)? Den Prioritäten folgend wird aufgezählt, was für Themen zu erledigen sind. Auf die Tagesordnungspunkte wird später genauer eingegangen. Sie werden durch Begleitpapiere ergänzt. ☐

- Es ist geklärt, welche Unterlagen bei der Besprechung erforderlich sind? Setzen Sie sich und anderen einen Termin, bis zu dem alle zu bearbeitenden Unterlagen (Begleitpapiere) bei der angegebenen Stelle sein müssen. Sammeln Sie alle eigenen oder fremden wichtigen Unterlagen, Begleitpapiere und Ideen. Überprüfen Sie diese Unterlagen auf ihre Relevanz zu den Zielen der jeweiligen Besprechung hin und ordnen Sie diese in der Reihenfolge der Prioritäten. Vergleichen Sie die benötigte Zeit, mit der zur Verfügung stehenden Zeit und eliminieren Sie gegebenenfalls Punkte mit niedriger Priorität. ☐

Prüfen Sie dabei, ob Sie möglicherweise die Teilnehmer mit Lieblingsthemen von Ihrer Seite langweilen. Geben Sie den Betreffenden genügend Zeit zum Tippen und Prüfen von Unterlagen.

- Einladung und eine Liste der Tagesordnungspunkte mit Begleitpapieren sind verschickt? ☐
- Arbeitsmittel zur Visualisierung sind vorbereitet? ☐
- In Sonderfällen: Vorbesprechung im kleinen Kreis ist angekündigt und durchgeführt? ☐
- Besprechungsplan ist ausgefüllt? Bitte beachten Sie bei der Vorbereitung Ihrer nächsten Besprechung den Besprechungsplan. Er kann gleichzeitig als Aufstellung der Tagesordnungspunkte an die Teilnehmer verschickt werden. ☐

Wie Sie Besprechungen durchführen

Wie effektiv die Besprechung wird, hängt entscheidend von den kommunikativen Fähigkeiten und Techniken des Moderators ab. Seine Arbeit gleicht einem schwierigen Balanceakt: Er läuft immer Gefahr, die Dinge entweder aus der Hand gleiten zu lassen oder durch straffe militärische Diskussionsleitung jeden kreativen Ansatz zu ersticken.

In diesem Kapitel erfahren Sie,

- welche Aufgaben ein Moderator wahrzunehmen hat,
- wie Sie den Zeitplan im Griff behalten,
- wie Sie mit Konflikten umgehen,
- wie Sie mit schwierigen Besprechungsteilnehmern umgehen,
- mit welchen Fragetechniken Sie die Besprechung steuern können und
- wie Sie festgefahrene Besprechungen mit einem Brainstorming beleben.

Ihre Aufgaben als Moderator

Bevor wir uns den Kunstgriffen zuwenden, mit denen der Moderator schwierige Situationen meistert, werfen wir einen Blick auf seine Aufgaben und den Moderationsablauf.

Wofür ist der Moderator verantwortlich?

Erstens: Er sorgt zielstrebig für Problemlösungen, indem er

- die Bedeutung der gemeinsamen Aufgabe klarstellt und die Erwartungen an die Teilnehmer hervorhebt.
- Kurzeinführungen zu den Tagesordnungspunkten gibt, den Sachstand erläutert, alle Teilnehmer auf denselben Informationsstand bringt.
- die Besprechung anhand des roten Fadens steuert und den Zeitplan einhält.
- verschiedene Lösungen bewertet, zusammenfasst, Konsequenzen zieht, Entscheidungen fällt, Ergebnisse herausarbeitet und Maßnahmenkataloge erstellt (Zuständigkeiten, Termine, Kontrolle).

Zweitens: Er gewinnt das Vertrauen der Teilnehmer, indem er

- jeden Diskussionsbeitrag würdigt.
- niemals bloßstellt.
- unparteiisch bleibt.
- stets sachlich und entspannt ist.
- beim Formulieren unterstützt.
- bei Konflikten vermittelt.

Checkliste: Das Verhalten des Besprechungsleiters

Verhalten	

Das Verhalten des Besprechungsleiters gegenüber den Teilnehmern

Der Besprechungsleiter

- würdigt jeden Teilnehmer zu seinen Diskussionsbeiträgen
- bewertet nicht
- stellt nicht bloß
- unterstützt beim Formulieren

Der Besprechungsleiter wird bei Gruppen

- sorgfältig vorbereitete Fragen benutzen, um die Diskussion zu eröffnen, das Interesse zu wecken und das Denken anzuregen
- die Interaktion steuern
- die Reihenfolge der Wortmeldungen beachten
- die Eigenart der Teilnehmer und Reaktionen der Gruppe auf einzelne Teilnehmer bei der Steuerung berücksichtigen
- die Beteiligung aller Teilnehmer anstreben
- Dauerredner taktvoll bremsen
- Konflikte zwischen Teilnehmern von der Beziehungsebene auf die Aufgabenebene zurücklenken

- bei ernsteren Konflikten übergeordnete Ziele oder Werte erörtern, Gemeinsamkeiten aufdecken und Gegensätze sachlich artikulieren
- die Entstehung einer sachlichen, entspannten Atmosphäre fördern
- die Stimmung positiv beeinflussen
- mit Humor und Gelassenheit helfen, zur Sachlichkeit zurückzukehren
- sich selbst unparteiisch verhalten
- bei Wissensvorsprung keine Überlegenheit demonstrieren
- Fakten sammeln
- die Richtung der Diskussion steuern und die Formulierung eines Ergebnisses beschleunigen
- den Erfolg der Besprechung sicherstellen und die Ergebnisse zusammenfassen
- mit den Teilnehmern Beschlüsse fassen
- Maßnahmen einleiten, Aufgaben fixieren, Termine setzen (wer, was, wo, wie, wann, warum erledigt) und er wird nachfassen und die Durchführung der Entscheidungen kontrollieren.

Das Verhalten des Besprechungsleiters bei der Durchführung der Besprechungen

- Pünktlich anfangen
- Motivation der Teilnehmer: Ziel und Bedeutung der gemeinsamen Aufgabe hervorheben. Die Erwartung an die Teilnehmer herausheben: Der Besprechungsleiter muss ein vertrauensvolles Arbeitsklima erzeugen; bei gegebenem Falle auf die Vertraulichkeit der Gespräche hinweisen.
- Tagesordnung mit Zeitplan zeigen oder anschreiben; Änderungen berücksichtigen.
- Diskussionseröffnung: Zu jedem Punkt Kurzeinführung, gleichen Informationsstand herstellen, Sachstandserläuterung.
- Ergebnis herausarbeiten, Konsequenzen ableiten, Bewertung verschiedener Lösungsansätze, Entscheidung fällen, Maßnahmenkatalog erstellen (Zuständigkeit, Termine, Kontrolle).
- Dank an die Teilnehmer, Ausblick auf das weitere Vorgehen und Themen für die nächste Besprechung.

Insgesamt stellt dies eine sehr umfangreiche Liste dar, aus der Sie sich Ihre individuell auf Ihre Bedürfnisse als Besprechungsleiter abgestimmte Checkliste ableiten sollten. Diese sollte bei Besprechungen stets griffbereit vor Ihnen liegen.

Checkliste: Durchführung der Besprechung (Details)

Verhalten	
- Fangen Sie die Besprechung unbedingt pünktlich an. Schlechte Zeitmanieren breiten sich wie eine Seuche aus.	
- Begrüßung der Teilnehmer; Personen, die dem Kreis nicht bekannt sind, unbedingt vorstellen.	
- Motivation der Teilnehmer: Ziel und Bedeutung der gemeinsamen Aufgabe hervorheben. Die Erwartung an die Teilnehmer herausheben.	
- Tagesordnung mit Zeitplan zeigen oder anschreiben und Vorschläge der Gruppe und Prioritäten berücksichtigen.	
- Sorgen Sie dafür, dass die für das Protokoll notwendigen Notizen angelegt werden: Wer macht es?	
- Geben Sie eine deutliche und lebendige Stellungnahme darüber ab, was diskutiert wird, sowie nützliche Hintergrundinformationen.	
- Erklären Sie technische Begriffe, wo nötig.	
- Schlagen Sie einen Diskussionsverlauf vor.	
- Holen Sie notwendige Daten und Informationen von den Teilnehmern.	
- Überzeugen Sie sich vom Sachverständnis der Teilnehmer.	

- Diskussionseröffnung: Einführung, z. B. durch Darstellung unterschiedlicher Standpunkte, durch neue Informationen, durch die Sammlung von Erfahrungen und Meinungen aus dem Teilnehmerkreis oder mittels einer Startfrage an die Teilnehmer.
- Zu jedem Punkt eine Kurzeinführung sowie eine Erläuterung der Sachlage geben mit dem Ziel, den gleichen Informationsstand herzustellen.
- Den Ablauf durch die stetige Weiterverfolgung des roten Fadens steuern:
  - Abschweifungen verhindern. Bleiben Sie beim Thema, indem Sie dieses, in einem Satz formuliert, immer wieder wiederholen;
  - wichtige Punkte oder Zusammenhänge visualisieren;
  - Zeitplan einhalten;
  - Bewertungs- oder Entscheidungprozesse durch methodische Hilfsmittel (z. B. Gruppenarbeitstechniken, Brainstorming, Stecktafelarbeit, „Pro" und „Kontra") fördern;
  - fassen Sie regelmäßig zusammen;
  - Zwischenergebnisse visualisieren und formulieren.
- Ergebnis herausarbeiten: Jeder Tagesordnungspunkt ist entweder
  - eindeutig erledigt oder

- zur Erledigung an ein oder mehrere Mitglieder der Gruppe delegiert worden oder
- an eine oder mehrere Personen außerhalb der Gruppe delegiert worden oder
- nochmals in einer Besprechung zu bearbeiten
- Des Weiteren haben Sie als Besprechungsleiter folgende Aufgaben:
  - Schlussfolgerungen aussprechen;
  - Konsequenzen ableiten;
  - Lösungsansätze bewerten und Entscheidungen fällen;
  - Maßnahmenkatalog (Zuständigkeit, Termine, Kontrolle) erstellen;
  - nichts in der Schwebe lassen.
- Entgegennahme von Anregungen und Themen für die nächste Besprechung.
- Spezifizieren Sie, bis wann das Protokoll verteilt wird.
- Dank an die Teilnehmer, Ausblick auf das weitere Vorgehen, Konsequenzen.
- ... Ihre eigenen Punkte ....

Wie sehen die einzelnen Schritte der Moderation aus?

1 Sie begrüßen die Teilnehmer. Personen, die dem Kreis noch nicht bekannt sind, stellen Sie vor.
2 Sie motivieren die Teilnehmer, indem Sie die Ziele und die Bedeutung der Besprechung hervorheben und um rege Mitarbeit bitten.
3 Sie schlagen einen Diskussionsverlauf vor.
4 Sie überzeugen sich vom Sachverständnis und Informationsstand der Teilnehmer. Falls nötig, geben Sie eine kurze Einführung.
5 Sie eröffnen die Diskussion, beispielsweise mittels einer Startfrage.
6 Sie fassen regelmäßig zusammen und visualisieren bzw. formulieren Zwischenergebnisse.
7 Sie arbeiten Ergebnisse heraus und delegieren Aufgaben.
8 Sie nehmen Anregungen und Themen für die nächste Besprechung an.
9 Sie geben einen Termin für die Protokollverteilung an.
10 Sie erläutern kurz das weitere Vorgehen und danken allen Teilnehmern für ihr Engagement.

Zeit und Effizienz gewinnen

Sie kennen die Situation: Seit Stunden redet man sich die Köpfe heiß, aber eine Lösung des Problems ist nicht in Sicht. Zeitfresser tauchen in Besprechungen immer wieder auf: als endlose Diskussion oder Unfähigkeit des Moderators, zum richtigen Zeitpunkt das Wesentliche zusammenzufassen. Einige wenige Kniffe werden Ihnen dabei helfen, die Zeitzügel in der Hand zu behalten.

- Legen Sie vor Beginn der Besprechung eine stille Minute zum Nachdenken ein. Je konzentrierter Sie die Besprechung starten, desto besser.
- Gehen Sie nicht ohne Tagesordnung in die Sitzung! Sollten Sie keine beschlossen haben, so holen Sie dies am Anfang der Besprechung nach.
- Hängen Sie an die Tür des Besprechungsraums ein Schild: „Besprechung. Bitte nicht stören!"
- Fangen Sie pünktlich an, auch wenn nicht alle da sind! Das diszipliniert zu spät kommende Teilnehmer für die Zukunft. Natürlich verspäten auch Sie sich auf keinen Fall!
- Vermeiden Sie Wartezeiten in der Besprechung! Wichtige Informationsunterlagen oder Schaubilder sollten Sie nicht während der Besprechung suchen müssen!
- Zögern Sie Besprechungen nicht hinaus! Viele Moderatoren wollen damit demonstrieren, wie beschäftigt und wichtig sie sind. Dabei provozieren sie Langeweile und Ärger.
- Fassen Sie immer wieder Ergebnisse zusammen! Sobald ein Thema „ausgequetscht" ist oder keine weiteren Fakten mehr genannt werden, resümieren Sie das Gesagte.
- Betrachten Sie eine Frage erst dann als geklärt, wenn Sie festgelegt haben, wer, was, wann, wo, wie zu tun hat. Vereinbaren Sie mit den Teilnehmern eine Erfolgskontrolle

für die übernommene Aufgabe. Das erspart weitere Meetings!
- Halten Sie sich an die vereinbarten Schlusszeiten. Teilnehmer, die früher gehen wollen, werden zum Bleiben ermutigt, wenn Sie wissen, dass die Besprechung pünktlich endet.
- Weisen Sie die Gesprächsrunde durch bestimmte Sätze auf das Gesprächsende hin. Zum Beispiel könnten Sie sagen: „Bevor wir zum Ende kommen…" oder „Als letzten Punkt sollten wir …"

Konflikte sind positiv

Grundsätzlich gilt: Konflikte sind in zwischenmenschlichen Beziehungen unvermeidlich, denn jeder hat andere Wertvorstellungen, persönliche Ziele, Bedürfnisse und Handlungsmöglichkeiten. Häufig finden wir bei streitenden Parteien Abwehrreaktionen, die darauf abzielen, den Konflikt zu vermeiden. Doch Konflikte schafft man dadurch nicht aus der Welt. Im Gegenteil: Wo sie nicht offensiv gelöst werden, schwelen sie unter der Oberfläche weiter, wie die folgende Abbildung verdeutlicht.

Angreifen und Kampf

„Angriff ist die beste Verteidigung!"

Vorteile: Der Überraschungseffekt hält den Gegner vom Leibe. Bis er merkt was passiert ist es für ihn vielleicht zu spät.

Nachteile: Ein Konfliktpartner, der mit Angriff reagiert, muss viel Zeit und Energie darauf verwenden, seine „Attacke" durchzuführen, sich dabei selbst zu schützen – und die eventuellen negativen Folgen zu beseitigen.

Ich gewinne und Du verlierst!

Flucht und Ausweichen

„Bloß nicht dran rühren!"

Vorteile: Der Konflikt geht evtl. weg und ich verliere nicht Zeit mit Auseinandersetzungen. Der Andere merkt es vielleicht auch nicht und vergisst den Konflikt.

Nachteile: Der schwelende Konflikt bleibt bestehen und „verpestet die Luft". Mitarbeiter auf der Flucht machen Dienst nach Vorschrift, ziehen sich zurück in die „innere Kündigung", behalten Wissen und wertvolle Informationen zurück.

Ich will nicht gewinnen oder verlieren.

Verdrängen und Resignation

„Da kann man nichts dran tun!"

Vorteil: Ich kann mich mit anderen Dingen beschäftigen, die mir mehr Spaß machen.

Nachteile: Der verdeckte Konflikt verbraucht weiterhin Zeit und Energie. Resignierte Mitarbeiter verhalten sich passiv, müssen angeleitet werden und machen „Dienst nach Vorschrift", da sie keine Eigeninitiative zeigen mögen, um kein Risiko einzugehen.

Ich verliere ja sowieso.

Allerdings: Die Erfahrung zeigt, dass ungeregelte Konflikte weiter schmoren und nicht einfach weggehen.

Warum soll ich offensiv mit Konflikten umgehen?

Wer Konflikten nicht aus dem Weg geht, erreicht hierdurch gleich mehrere positive Effekte:

- Sie zeigen, dass Sie kein Hasenfuß sind, sondern führen. Das verschafft Respekt.
- Andere starke Personen bauen Vertrauen zu Ihnen auf und stärken damit Ihre Position.
- Schwache Motzer bleiben still und konzentrieren sich auf solche Teilnehmer, die sie ablenken können.

- Sie resignieren nicht und verfallen nicht in übertriebene Kampfhaltungen. Resignation lähmt auf Dauer und führt selbstverständlich zu schlechterer Leistung.
- Sie behalten die Kontrolle über Ihre Angelegenheiten. Mit der offensiven Konfliktbewältigung lernen Sie Neues dazu und treiben Entwicklungen voran.
- Wer aufgrund seiner Funktion vermitteln kann, gibt Beteiligten die Chance, ohne Gesichtsverlust aus einer misslichen Lage herauszukommen. Sie selbst gewinnen hierdurch Vertrauen.
- Sie schonen im Interesse aller Beteiligten die wichtigsten persönlichen Ressourcen: Zeit und Nerven.

Wie gehe ich offensiv mit Konflikten um?

Wehren Sie Konflikte nicht ab, sondern betrachten Sie sie als Chance, dazuzulernen. Sie helfen Ihnen, das eigene Verhalten kritisch zu überprüfen und gegebenenfalls zu verändern. Für die Praxis empfehlen wir Ihnen folgende Schritte:

1. Nehmen Sie den Konflikt wahr, und machen Sie sich Ihre Empfindungen bewusst!
2. Stellen Sie den Konflikt in Form von Ich-Botschaften dar (z. B. „Sein Verhalten bewirkt bei mir ...", oder „hat ... Konsequenzen für meine Aufgabe" etc.).
3. Bitten Sie den anderen, zuzuhören. Stellen Sie Ihre Ziele, Werte und Handlungsalternativen dar.
4. Hören jetzt Sie zu und lassen Sie den anderen seine Ziele, Werte und Handlungsalternativen darstellen.

5   Fragen Sie: Wie geht es weiter? Was bedeutet das jetzt? Überprüfen Sie, ob Ihre Botschaft angekommen ist.

6   Wenn nicht: Senden Sie weitere Ich-Botschaften und bestehen Sie auf einer Lösung.

7   Wenn ja: Suchen Sie gemeinsam nach Lösungen.

8   Formulieren Sie eine für beide Seiten akzeptable Lösung und schließen Sie eine schriftliche Vereinbarung.

Wie vermitteln Sie in Konflikten?

In Konflikten ist die Beziehungsebene zwischen zwei Menschen oder Parteien gestört. Ihre Aufgabe als Moderator ist es, zwischen den Parteien zu vermitteln und die Diskussion auf der Sachebene zu halten. Lassen Sie sie auf keinen Fall auf die Beziehungsebene abrutschen, wo es erfahrungsgemäß um alles geht – nur nicht um die Sache!

Grundsätze der Vermittlung:

- Bewahren Sie eine problemfreie Beziehung zu den Konfliktpartnern!
- Übernehmen Sie die Verantwortung für den Problemlösungsprozess. Sie tragen keine Verantwortung für Problemlösungsinhalte.
- Vermeiden Sie Wertungen, auch wenn Sie dazu aufgefordert werden!
- Bewahren Sie Distanz zu den Problemen. Nur so können Sie Ihre Vermittlerrolle wahrnehmen!

> Stellen Sie sich ehrlich die Frage, ob Sie von allen Beteiligten angenommen werden. Ihre Rolle als Vermittler können Sie nur dann wahrnehmen, wenn man Sie in der Firma akzeptiert und respektiert.

Techniken der Vermittlung

Das folgende Schema stellt verschiedene Vermittlungstechniken vor, die sich in der Praxis bewährt haben. K bezeichnet die beiden Konfliktparteien, V den Vermittler.

1 Verantwortung übernehmen

- „Kontrakt" schließen und Vermittlungsgrundsätze bekannt geben.
- „Konfliktpartner „trennen"" (im Gespräch oder räumlich/zeitlich).
- Ich-Sprache sprechen und Zuhören.

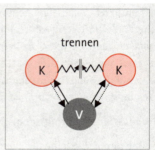

Beispiel:

„Ich habe jetzt Ihr Einverständnis für die von mir vorgeschlagene Methode. Ich will, dass Sie jeder nur direkt mit mir sprechen und nicht mehr sich gegenseitig ansprechen! ... Nein! Bitte mir direkt sagen! ... Okay! ... Hmmmh. ..."

2 Ventilieren

- Zuhören, Problem aus der Sicht des Konfliktpartners erkennen.
- Emotionale Temperaturabsinken lassen: zuhören.
- Was genau ist das Problem für Sie? Ursache – Wirkung – Gefühl.

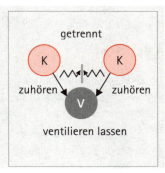

Beispiel:

„Das Problem ist für Sie, dass Herr Gerber seinen Projektbericht nicht pünktlich und im richtigen Format abliefert. Das verzögert Ihre eigene Aufgabe und die Erstellung der Gesamtdokumentation und nervt und ärgert Sie."

3 Verbinden

- Vorwürfe, Angriffe „übersetzen" in Ich-Botschaften.
- Erste direkte Kommunikation zwischen den Konfliktpartnern aufbauen.

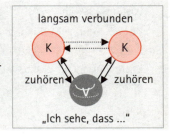

Beispiel:

„Herr Gerber, sagen Sie einmal bitte was genau aus Ihrer Sicht die Ursache und die Wirkung für Sie ist. Sagen Sie es bitte Herrn

Feller direkt. ... Nein Herr Feller, bitte warten Sie einen Moment und hören Sie bitte Herrn Gerber zuerst einmal zu. Sie haben gleich Gelegenheit, uns Ihre Sicht zu sagen. Herr Gerber bitte!"

4 Begleiten

- Direkte Kommunikation zwischen Konfliktpartnern fördern.
- Wenn notwendig: vorhergehende Schritte wiederholen.
- Wenn beide das Problem formuliert haben, folgen die nächsten Problemlöseschritte:

1 Suchen nach Lösungen
2 Besprechung zur Bewertung der Lösungen und für die Lösungsauswahl
3 Besprechung zum Bündeln der Lösungen und zur Erstellung des Handlungsplans: Wer, was, wann, wie?
4 Besprechung zur praktischen Durchführung der Lösungen

Beispiel:

„Okay. Welche Lösungsmöglichkeiten sehen Sie jetzt Herr Feller, Sie zuerst. ... Herr Gerber, was meinen Sie dazu? ...Okay. Was sind jetzt die nächsten Schritte? Herr Gerber ...?"

5 Verantwortung abgeben

- Bereitschaft für spätere Unterstützung anbieten.
- Spätestens bei Schritt 5 muss die Verantwortung abgegeben werden.

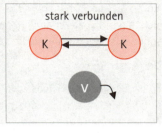

Beispiel:

„Ich bin froh, dass wir diesen Weg gefunden haben. Ich möchte mich an dieser Stelle ausklinken. Wenn Sie mich noch brauchen, stehe ich gerne zur Verfügung."

Schwierige Teilnehmer

In den meisten Meetings gibt es einige Teilnehmer, die durch ihr negatives Verhalten auffallen. Sie gefährden die Sitzung, indem Sie ständig Streit suchen, alles besser wissen oder andere unangenehme Eigenschaften pflegen.

Setzen Sie sich mit schwierigen Teilnehmern auseinander! Wahrscheinlich werden Sie sich dazu überwinden müssen. Indem Sie aber jede kritische Stimme ernstnehmen, beweisen Sie Führungsstärke.

Wie gehe ich mit schwierigen Teilnehmern um?

Die folgenden Persönlichkeitstypen finden Sie häufig in Besprechungen. Hier Tipps, wie Sie mit ihnen am besten umgehen.

Der Streitsüchtige

Hören Sie ihm ruhig zu und reagieren Sie sachlich. Lassen Sie sich bei provozierenden Fragen nicht auf einen Streit ein, sondern geben Sie sie an die Teilnehmer weiter.

Der Ausfrager

Er ist der schlaue Fuchs, der dem Moderator auf den Zahn fühlen will. Lassen Sie sich nicht provozieren! Geben Sie die Fragen an die Gruppe weiter.

Der Ablehnende

Wer seine Kenntnisse und seine Erfahrung anerkennt und nutzt, kann mit seiner Unterstützung rechnen.

Der Alleswisser

Ihn integrieren Sie in die Gruppe, indem Sie ihn um Stellungnahmen bitten.

Der Schüchterne

Loben Sie ihn, stellen Sie ihm ab und zu eine leichte Frage. Das stärkt sein Selbstbewusstsein. Zu dick sollten Sie aber nicht auftragen, sonst zieht er sich wieder zurück.

Der Dickfellige

Er ist uninteressiert. Beziehen Sie ihn ein, indem Sie ihn nach seinem Arbeitsbereich oder seinen Interessen fragen.

Der Erhabene

Gegenüber Kritik ist er empfindlich. Gehen Sie behutsam mit ihm um.

Der Redselige

Wie der Zwischenredner muss er in seiner Redezeit eingeschränkt werden. Dazu eignet sich etwa die 3-Minuten-Regel: Jeder darf nur drei Minuten sprechen.

Der Stille

Manche Teilnehmer warten erst einmal ab, bevor sie sich zu Wort melden. Das kann die unterschiedlichsten Gründe haben: Zurückhaltung, Unsicherheit oder Überheblichkeit usw. Finden Sie heraus, wo die Stärken dieser Teilnehmer liegen, und binden Sie sie ein.

Der Schwatzhafte

Er liebt lange Reden. Unterbrechen Sie ihn taktvoll und bitten Sie ihn unter Hinweis auf die noch verbleibende Zeit, rasch die wichtigsten Punkte zu nennen.

Die Konkurrenten

Zwischen Kampfhähnen müssen Sie vermitteln. Grundsätzlich ist es natürlich gut, gegensätzliche Standpunkte offen austragen zu lassen. Doch nicht, wenn dabei der Zeitplan außer Kontrolle gerät oder das Arbeitsklima leidet. Es ist wichtig, rechtzeitig zu unterbrechen und andere Teilnehmer einzubinden, da deren Ansichten die allgemeine Erhitzung abkühlen.

Der Fliegengewichtteilnehmer

Seine Beiträge sind irrelevant. Überprüfen Sie, woran es liegt. Hat er aus Versehen eine Einladung bekommen oder zeigt er dieses Verhalten öfter? Dann sprechen Sie mit ihm darüber. Falls er jedoch seine „Hausaufgaben" nicht gemacht hat, weisen Sie ihn darauf hin, dass die Vorbereitung für alle gilt.

Weitere Tipps, mit denen Sie negatives Verhalten in den Griff bekommen:

- Paraphrasieren Sie das, was gesagt wurde! Sie gewinnen hierdurch Zeit, zeigen Souveränität und haben Gelegenheit, Äußerungen zu versachlichen.
- Klären Sie Ungereimtheiten durch Rückfragen!
- Vertagen Sie das Gespräch!
- Bei langweiligen Monologen und für den Fall, dass man sich festgefahren hat: Wechseln Sie das Thema!
- Setzen Sie eine Untergruppe zur Problemlösung ein!
- Lassen Sie das Problem von einer einzigen Person lösen!
- Nehmen Sie Ihren Witz und Humor zu Hilfe! Das entschärft brenzlige und unangenehme Situationen.
- Stellen Sie sicher, dass alle respektiert werden!
- Verlieren Sie die Erkenntnis nicht aus den Augen, dass eine Gesprächsrunde noch lange keine Garantie für konstruktive Zusammenarbeit ist!

Wer fragt, lenkt

Mit Fragen können Sie eine Besprechung gezielt steuern. Wer ein paar Grundregeln kennt, erhält von seinen Gesprächspartnern die gewünschten Informationen, fördert bestimmte Reaktionen und spornt die Gruppe zu mehr Leistung an. Lernen Sie die wichtigsten Frageformen kennen und probieren Sie bei der nächsten Besprechung ein paar der einfachsten aus.

Offene Frage

- „W-Fragen": Wer, Was, Wo, Wann, Wie etc.
- Sie erhalten wichtige Informationen
- es wird eine Vertrauensbasis geschaffen und Sie können das Gespräch in gewisse Bahnen lenken
- Risiko: Sie verzetteln sich oder der Gesprächspartner schweift ab

Beispiel:

„Wo soll die nächste Besprechung stattfinden?"

Geschlossene Frage

- Frage, die kurz und knapp oder mit ja oder nein beantwortet werden kann
- der Nutzen liegt in der kurzen präzisen Antwort – „die Sache wird auf den Punkt gebracht"
- das Risiko dieser Frage liegt im „Verhörcharakter"

Beispiel:

„Haben Sie das Protokoll gelesen?"

Alternativfrage

- gibt die Möglichkeit, sich zwischen verschiedenen Antworten zu entscheiden
- der Gefragte hat das Gefühl, mit einbezogen zu werden; kann sich aber dadurch bedrängt fühlen

Beispiel:

„Wollen Sie den Termin sofort abmachen oder sollen wir nochmal telefonieren?"

Suggestivfrage

- bei ihr wird die Antwort von Ihnen bereits vorausgesetzt. Sie stellen die Frage und der Gefragte hat nur die Möglichkeit mit „JA" oder mit „NEIN" zu antworten
- sie führt zu Verunsicherung und ist als Technik bekannt; sie wirkt auf Profis altbacken und wird in manchen Bereichen der Versicherungswirtschaft als unlauter angesehen!

Beispiel:

„Sie wollen doch sicher eine effiziente Besprechung haben?"

Allgemeine Frage

- nützlicher Türöffner
- konzentrierte Diskussion auf einen Punkt
- Teilnehmer stehen nicht im Rampenlicht

Beispiel:

„Wie lief es seit der letzten Besprechung?"

Direkte Frage

- bringt den Überraschten ins Rampenlicht
- holt Expertenmeinung, schließt stille Teilnehmer ein
- belebt Aufmerksamkeit und beschleunigt Punkte

Beispiel:

„Nennen Sie mir bitte die Vorteile Ihres Vorschlages!"

Erneute Frage

- verhindert Dialog und stellt eine Brücke zum Weitergehen dar
- koordiniert den Fortschritt der Diskussion

Beispiel:

„Darf ich Sie nochmals bitten, ..."

Umgekehrte Frage

- verarbeitet Wortspielereien und erlaubt Klärung

Beispiel:

„Wenn ich das jetzt umgekehrt darstelle, dann heißt das also ..."

Verzögerte Frage

- schirmt Opposition ab
- erlaubt Teilnahme auch der Stillen und induziert einen Konsens

Beispiel:

„Habe ich Sie richtig verstanden, dass ...?"

Standpunkt

- stimuliert Diskussion und zeigt Ansichten klar an
- klärt Situationen und gibt Informationen

Beispiel:

„Ich behaupte und provoziere jetzt einfach einmal, dass ..."

Zusammenfassung

- beschleunigt/verlangsamt Diskussionen
- zeigt herausragende Punkte und den Fortschritt an
- lenkt die Aufmerksamkeit auf Wichtiges
- wechselt das Thema

Beispiel:

„Wenn ich jetzt also zusammenfasse, dann ..."

Das Brainstorming

Manchmal drehen sich die Teilnehmer einer Besprechung gedanklich im Kreis und der überzeugende Lösungsvorschlag lässt auf sich warten. Vielleicht dauert die Besprechung auch schon lange an und man ist einfach zu müde um noch zündende Ideen zu entwickeln. Für solche Fälle eignet sich eine Methode der Ideenfindung, die der amerikanische Werbeberater Alex F. Osborn entwickelt hat: das Brainstorming.

Was leistet ein Brainstorming?

- In kurzer Zeit erhalten Sie ein Maximum an Ideen. Es lässt der Phantasie freien Lauf und fordert zum sooft gewünschten, doch nicht selten missbilligten Querdenken heraus. Viele Moderatoren bedienen sich heute des Brainstormings, da es sich in den unterschiedlichsten Situationen bestens bewährt hat.
- Brainstorming befreit von Gedankenblockaden, gerade wenn es öfter in Routinebesprechungen eingesetzt wird. Es sorgt für eine lockere Atmosphäre. Oft entwickeln sich erst in diesem vertrauensvollen Klima ungewöhnliche Lösungsvorschläge.
- Brainstorming ermuntert stillere oder schüchterne Teilnehmer dazu, ihre Anregungen einzubringen. Bei schnell ablaufenden Diskussionen gehen die Vorschläge zurückhaltender Kollegen häufig unter.

Wie gehen Sie vor?

1. Sie wählen einen Raum mit angenehmer Atmosphäre und einen Termin, an dem alle stressfrei teilnehmen können.
2. Sie benennen einen Leiter.
3. Sie bestimmen die Dauer: 15 oder 30 Minuten.
4. Sie beschreiben das Problem und grenzen es ein, evtl. schon vor dem Brainstorming oder Kurzvortrag eines Experten.
5. Fordern Sie die Teilnehmer auf, alles zu äußern, was ihnen einfällt, auch wenn es noch nicht „zu Ende" gedacht ist.

> Beim Brainstorming gilt die wichtige Grundregel: Sagen Sie das, was Ihnen zu dem Problem durch den Kopf geht. Denken Sie laut! Es gibt keine richtigen oder falschen Ideen.

6 Halten Sie als Leiter alle Anregungen schriftlich fest. Werten Sie nicht, greifen Sie nicht ein!

Wie werten Sie aus?

Es gibt zwei Möglichkeiten: Entweder werten Sie sofort alle Lösungsansätze aus, indem Sie sie nach Gesichtspunkten einteilen wie

- praktikabel
- schwierig umzusetzen
- nicht zu gebrauchen

Dann bündeln Sie die praktikablen Ansätze. Darauf aufbauend erarbeiten Sie einen Handlungsplan.

Oder aber Sie werten erst aus, nachdem alle Teilnehmer das Protokoll erhalten haben mit der Bitte, nachträgliche Ergänzungen zu liefern. Lassen Sie dann von einem Projektteam die besten Ideen auswählen und realisieren. Informieren Sie die Teilnehmer über das Ergebnis und bedanken Sie sich für ihre Mitarbeit!

Test: Wie gut habe ich moderiert?

Vielleicht haben Sie kürzlich eine Besprechung geleitet, sich mithilfe unserer Tipps vorbereitet und fragen sich nun: Habe ich alles richtig gemacht?

Unser Test hilft Ihnen, darauf eine Antwort zu finden. Überprüfen Sie anhand der Fragen Ihre Fähigkeiten als Moderator und loten Sie noch bestehende Schwächen aus! Noch besser ist es natürlich, wenn Sie Ihre Mitarbeiter bitten, Sie zu bewerten. Dazu gehört zwar ein bisschen Mut, doch Ihre Zuhörer wissen natürlich am besten, wie Sie die Besprechung geführt haben.

Test: Die Leistung des Vorsitzenden in der Besprechung

		Punkte
Machte er die Ziele der Besprechung klar?	alle	5
	einige	2
	keine	0
Führte er die Programmpunkte ordentlich ein?	alle	5
	einige	2
	keine	0
Fasste er oft und effektiv genug zusammen?	immer	5
	manchmal	2
	nie	0
War er zu streng oder zu lasch?	angemessen	5
	streng	2
	lasch	0
Sicherte er eine ausgewogene Beteiligung?	immer	5
	manchmal	2
	nie	0

		Punkte
Motivierte er Einzelne und die Gruppe als Ganzes?	gerade richtig	5
	manchmal	2
	nie	0
Trug er selber zur Besprechung bei?	gerade richtig	5
	zu wenig	0
	zu viel	0
Waren die Beträge des Leiters relevant oder kam er vom Thema ab?	relevant	5
	irrelevant	0
	immer	5
Hielt er die Regeln der Besprechung ein?	manchmal	2
	nie	0
	immer	5
Übernahm ein anderer die Rolle des Leiters?	manchmal	2
	nie	0
Hielt er sich an die Zeitvorgabe?	ja	5
	nein	0
Machte er die Gruppe auf die erreichten Fortschritte aufmerksam?	immer	5
	manchmal	2
	nie	0
Wurden die Ziele der Besprechung erreicht?	völlig	5
	einige	2
	überhaupt nicht	0

Gesamtsumme (... : 65) × 100 = ... %ige Zufriedenheit

Wie Sie Besprechungen nacharbeiten

Besprechungen sind nur dann sinnvoll, wenn sie zu einem Ergebnis kommen. Wenn Sie mit Ihrem Meeting Ergebnisse erreicht haben, sollten Sie darauf achten, dass diese auch verbindlich sind und umgesetzt werden.

In diesem Kapitel erfahren Sie,

- weshalb Sie Ergebnisse mittels eines Protokolls festhalten sollten,
- wie Sie ein aussagekräftiges Protokoll verfassen.

Wozu ein Protokoll?

Im Protokoll halten Sie die Ergebnisse Ihrer Besprechung fest. Dieses Dokument erleichtert Ihnen die Arbeit wesentlich, wenn Sie beispielsweise eine Erfolgskontrolle durchführen oder zu einem späteren Zeitpunkt bestimmte Punkte erneut aufgreifen und sich über den Stand der Dinge informieren wollen. Das Protokoll kann darüber hinaus wichtige Impulse für das nächste Meeting liefern.

Mithilfe eines Protokolls stellen Sie außerdem sicher, dass die Teilnehmer Beschlüsse und Ergebnisse richtig verstanden haben.

Nicht zu unterschätzen ist auch der historische Wert von Protokollen: Sie zeigen uns, wie Probleme in der Vergangenheit analysiert und gelöst wurden. So lernen wir aus Erfahrungen Vorgehensweisen für die Zukunft.

Was zeichnet den Protokollanten aus?

Der Protokollant sollte sorgfältig ausgewählt werden. Nicht jeder Mitarbeiter weiß Wichtiges von Unwichtigem zu trennen. Er muss ferner in der Lage sein, die Gedankenschritte innerhalb der Besprechung zu verfolgen und darf auch dann nicht den Überblick verlieren, wenn es in einer Diskussion plötzlich heiß hergeht. Darüber hinaus sollten Sie sicherstellen, dass er Fakten von Meinungen unterscheiden kann und sich mit eigenen Bewertungen zurückhält.

Wir empfehlen Ihnen, sich das Protokoll, zumal wenn es unerfahrenere Protokollanten verfasst haben, abschließend zeigen zu lassen. So vermeiden Sie mögliche unangenehme Überraschungen!

> Wann immer Sie einen Protokollanten auswählen: Sorgen Sie dafür, dass dies nicht zufällig geschieht und der ausgewählte Mitarbeiter die Aufgabe freiwillig übernimmt! Sie ersparen sich viel Zeit und Ärger, wenn Sie den Protokollanten sorgfältig aussuchen und seine Rolle und Aufgabe im Voraus mit ihm besprechen. Ein in der Firma eingeübter Präsentationsstandard und feste Regeln für das Protokoll sind neuen, unerfahrenen Protokollanten übrigens eine große Hilfe!

Welche Aufgaben übernimmt der Protokollant?

- Er entlastet den Besprechungsleiter, indem er Beschlüsse, Ergebnisse oder Vereinbarungen während der Sitzung schriftlich festhält.
- Er stellt sicher, dass alle im Verteiler angegebenen Personen das Protokoll zur gleichen Zeit (nach Möglichkeit innerhalb von drei Tagen nach der Sitzung!) erhalten.
- Er sorgt dafür, dass Protokolle sauber abgelegt werden.
- Er überwacht die Durchführung von Aktivitäten.
- Er wirkt als neutrale Stelle, indem er kritische Punkte, die sorgfältig im Protokoll formuliert sein wollen, mit den Teilnehmern klärt.

Welche Inhalte hat ein Protokoll?

1. Das Thema der Besprechung
2. Die behandelten Punkte und den Verlauf der Besprechung

3 Alle Ergebnisse und geplanten Maßnahmen
4 Offen gebliebene Punkte
5 Die weitere Vorgehensweise und den Termin für die nächste Zusammenkunft

> Stenographieren Sie nicht mit, sondern fassen Sie lieber gleich die Kernpunkte zusammen. Die wörtliche Wiedergabe einer mehrstündigen Sitzung schreckt durch ihren Umfang ab und erschwert die schnelle Orientierung.

Welche Angaben dürfen nicht fehlen?

1 Teilnehmer, Verteiler (zur Info an ...)

Nennen Sie auch Abwesende namentlich, dazu gehört evtl. auch ein Vermerk, ob die betreffende Person entschuldigt oder unentschuldigt fehlte. Zwecks Termindisziplin empfiehlt es sich, auch die zu spät Kommenden namentlich aufzuführen.

2 Besprechungsort, Datum, Zeit und Dauer der Besprechung

3 Betrieb, Abteilung, Arbeitsgruppe bzw. Dienststelle

4 Unterschrift des Protokollführers und ggf. des Besprechungsleiters oder Weisungsbefugten (selten aller Teilnehmer)

5 Diejenigen Mitarbeiter, die einen bestimmten Beschluss in die Praxis umsetzen sollen, werden namentlich genannt. Nennen Sie auch die Person, die den Bericht der ausführenden Mitarbeiter erhalten soll.

Was gehört zu einer guten Form?

1. klare und kurze Sätze
2. gut gegliederte Abschnitte nach Sinneinheiten
3. Ziffern, Absätze, Unterstreichungen zur Orientierung
4. rechts neben dem Maßnahmenkatalog eine Spalte für „Verantwortliche und Termine"
5. gut beschriftete Beilagen (z.B. statistische Daten) mit Quellenangabe

> Vermeiden Sie Schlagwörter, umgangssprachliche Ausdrücke, doppeldeutige oder missverständliche Begriffe. Sie schaffen nur Verwirrung!

Checkliste für Ihr Protokoll

	✓

Formale Angaben zur durchgeführten Besprechung

- Betrieb, Abteilung, Arbeitsgruppe, bzw. Dienststelle
- Besprechungsort, Datum, Zeit und Dauer der Besprechung
- Teilnehmer, Verteiler, („zur Information an ...")
- Thema/Ziel der Besprechung

Anforderungen an einen guten Protokolltext

- Inhalt:
  - behandelte Themen
  - Verlauf der Besprechung
  - geplante Maßnahmen
  - Folgeaktivitäten

- Form:
  - Text kurz und klar
  - Ziffern, Absätze, Einrücken, Unterstreichen usw. zur Strukturierung
  - gut gegliederte Texte
  - rechts neben dem Maßnahmenkatalog eine Spalte für „Verantwortliche + Termine"

Ergänzende Angaben zum Protokoll

- Beilagen (z. B. statistische Daten), gut beschriftet, mit Quellenangabe
- Offen gebliebene Punkte
- Termin für die Einreichung von Berichtigungen zum Protokoll
- Nächste Zusammenkunft: Ort, Zeit, Ziel
- Datum der Protokollverteilung
- Unterschriften: Protokollführer und – wenn erforderlich – Besprechungsleiter oder Weisungsberechtigter; in seltenen Fällen auch Teilnehmer

Das gute Protokoll – zwei Beispiele

Beispiel 1

Protokoll der Besprechung zwischen Geschäftsleitung und Betriebsrat: Aktuelle Situation

Zeit und Ort: 27.3.20XX, 15.00 in Berlin

Anwesend: Betriebsräte der Firma ... GmbH:
Herren Fauser, Dietrich, Hansperger, Frl. Smith
Firma ... GmbH: Herren Dr. Steller, Tronkler, Frei

Tagesordnungspunkte:

1. **Allgemeine Information**
   - Herr Dr. Steller informiert über die Geschäftslage. Sie ist im Moment ...
   - Des Weiteren stellt er das Produktionskonzept bis 20XX vor (siehe Anlagen).
   - Aufgrund des Produktionskonzeptes kommt es zu Umschichtungen im Organigramm. Diese werden beschrieben (siehe Anlagen) und gemeinsam diskutiert. Der Betriebsrat behält sich weitere Schritte vor.

2. **Problembereich**
Herr Fauser informiert über Unzufriedenheit in einer Abteilung in Bezug auf die dortige Lohnregelung – bei zusätzlichen Überstunden an den Wochenenden. Lösungsansätze wurden aufgezeigt. Eine Entscheidung wird in der nächsten Besprechung mit dem Personalchef getroffen werden.

3. **Nächste Besprechung** wird, wie bereits geplant, für den 2.4.20XX, wiederum am gleichen Ort angesetzt.

4. **Anlagen:** Organigramm P/Bi 6.2.20XX

Beispiel 2

Protokoll: 14. Sitzung Nr. 14/90 vom 20. Oktober 20XX
Teilnehmer: RP, CF, CB, AS, Ro
Zweck: Kontrolle der eingeleiteten Maßnahmen im Bereich S

1. Die von CB eingeleiteten Maßnahmen zur Verbesserung der Kundenkontakte (Beratung mit Mitarbeitern und Durchführung von Vorschlägen) wurden durchgeführt. CB sieht erste Veränderungen: weniger telefonische Reklamationen von Kunden.

2. RP sollte den Bereich „Dienste" in Bezug auf die Weiterbildungsmaßnahmen beraten. Mit der Abteilung wurden sowohl externe wie auch interne Möglichkeiten zur Definition ihrer Bedürfnisse geklärt und die Entscheidung über das zukünftige Ausbildungskonzept wird noch diesen Monat spruchreif sein.

Kommunikation – Basis für erfolgreiche Besprechungen

Das Werbeplakat, die Homepage im Internet, Ihre Tageszeitung – alle wollen sich Ihnen verständlich machen. Und wenn Sie Ihren Kindern zuwinken, den Telefonhörer auf die Gabel knallen, heute auf Ihre Krawatte verzichten, immer teilen Sie sich mit, absichtlich oder unabsichtlich, und werden verstanden oder missverstanden. Paul Watzlawick, der Kommunikations-Guru, sagt sogar: „Man kann nicht nicht kommunizieren."

In diesem Kapitel erfahren Sie,

- wie Kommunikation funktioniert,
- was bei der nonverbalen Kommunikation zu beachten ist,
- was die nonverbale Kommunikation leistet,
- wie Kommunikationssperren entstehen,
- wie Sie Ihre Gesprächsführung verbessern können und
- wie Sie Kommunikationssperren vermeiden.

Kommunikation – Was ist das?

Wir bemühen erst gar nicht das Lexikon oder die wissenschaftliche Literatur und verständigen uns auf: Kommunikation als jede Form der Verständigung.

Und wenn Sie noch so wortlos drei Stockwerke mit einem anderen im Lift fahren, was passiert nicht alles: Den Blick senken, verstohlen den anderen beobachten, überprüfen, ob man auch beobachtet wird, den nicht vorhandenen Bauch einziehen, ein neutrales Gesicht machen usw. Was haben Sie nach 30 Sekunden nicht schon alles über sich mitgeteilt! Aber, was hat der andere wahrgenommen. Hat er Sie gesehen? Oder hat er sich ein falsches Bild von Ihnen gemacht?

Ich sehe doch, was ist! –

Nein, Sie sehen nur, was Sie sehen!
Sie sehen nur, was Sie sehen wollen!
Sie sehen nur, was Sie sehen sollen!
Sie sehen nur, was Sie schon kennen!

Sehen Sie sich die folgenden Beispiele an – vielleicht sind Sie Ihnen bekannt – und testen Sie sich!

Eine Vase ganz klar!
Nein, zwei Gesichter.
Jetzt sehe ich wieder die Vase.

Oder in diesem Bild:
Welche der beiden Damen gefällt Ihnen besser?
Oder sehen Sie nur eine?
Es sind aber zwei mit großem Altersunterschied!

Oder: Sie treffen auf dem Gang Ihren Chef, der Sie mit den Worten begrüßt: „Es ist neun Uhr, schön, dass Sie schon da sind. Da können wir ja anfangen."

Freuen Sie sich über die Zeitauskunft, freuen Sie sich über seine Freude, Sie zu sehen, freuen Sie sich, dass die Besprechung losgeht?

Oder ärgern Sie sich vielmehr über den pedantischen Hinweis auf Ihr Zuspätkommen und den ironischen Tadel, dass alle warten mussten?

Der gleiche Wortlaut: zwei geradezu gegensätzliche Botschaften!

Selbst die eindeutig rote Ampel an der Straßenkreuzung ist in der Nacht für einen Farbenblinden überhaupt nicht mehr eindeutig.

So einfach ist das also nicht mit der Kommunikation. Wenn wir aber Kollisionen auf der Kreuzung, Missverständnisse, falsche Sichtweisen, Fehlinterpretationen und daraus folgend Ärger, Streit, Aggression, Kündigung, Mobbing, Demotivation vermeiden wollen, dann lohnt es sich zu fragen:

Wie funktioniert Kommunikation?

Scheinbar ist alles ganz einfach: Es gibt einen Sender und einen Empfänger und der eine sagt etwas zum anderen.

Das folgende Modell zeigt jedoch, dass die Situation, die Erwartungen und Absichten, die Kompetenzen und Einschätzungen entscheidend sind. Nun gibt es Fachleute, die zu dieser Fragestellung Modelle entwickelt haben.

Das folgende sieht kompliziert aus und ist doch ganz einfach:

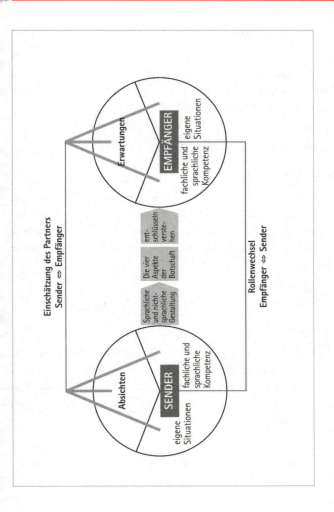

Sender/Empfänger

Sie sind immer beides. Denn erst mit der Rückmeldung durch den Partner – jetzt sind Sie der Empfänger! – ist klar, dass und wie die Botschaft angekommen ist. Stellen Sie sich nur einen Schauspieler ohne Publikum vor!

Wichtig für Sie:
Ohne Antwort ist Ihre Botschaft nichts wert.

Eigene Situation

Das ist nichts Neues für Sie: Wie geht es mir? Bin ich gut drauf? Geht mir alles Mögliche im Kopf herum? Stehe ich unter Druck? Wichtig ist für Sie, diese Fragen für sich beantwortet zu haben. Sie müssen ihre Situation kennen, damit Sie sich darauf einstellen können.

Wichtig für Sie:
Nur wer sich kennt, kann den Partner überzeugen.

Kompetenzen

Damit sind Ihre fachlichen und sprachlichen Möglichkeiten gemeint. Das ist klar: Fehlen Ihnen die genauen Fakten, dann bringen Sie zur Besprechung Ihren Referenten mit. Kennen Sie sich als geschickten Rhetoriker, dann behalten Sie die Gesprächsführung!

Wichtig für Sie:
Wer seine persönlichen Ressourcen kennt, spart sich andere.

Absichten

Auch das wissen Sie: Ohne ein klares Konzept, ohne Ihre Maximalvorstellungen, ohne Ihr „letztes Angebot" sollten Sie in keine Verhandlung, in kein Gespräch gehen. Sie müssen wissen, was Sie wollen. Nur dann können Sie es auch Ihrem Partner klar machen.

Wichtig für Sie:
Nur wenn ich weiß, was ich will, setze ich es auch durch.

Einschätzung

Die vielen Pfeile auf der Skizze zeigen nur, dass wir das, was wir von uns wissen sollten, beim Partner auch gerne wüssten. Manches teilt er uns mit, wenn auch nicht freiwillig, anderes verschweigt er gerne. Also sind wir auf Beobachtungen und Vermutungen angewiesen. Deren Ergebnis beeinflusst unsere Botschaft, unsere Gesprächsführung wesentlich.

Wichtig für Sie:
Je geschickter meine Wahrnehmung, desto klarer meine Botschaft, desto erfolgreicher das Gespräch.

Erinnern Sie sich noch an Watzlawicks Ausspruch?

Von ihm stammte die erste der folgenden Thesen:

1. These: *Man kann nicht nicht kommunizieren.*
2. These: *Tatsache ist nicht, was ich sage, sondern was der andere versteht.*

3. These: *Missverständnisse gehen immer zulasten des Senders.*

4. These: *Man verständigt sich immer auf vier Ebenen.*

Die vier Ebenen der Kommunikation

Beispiel:

 Schon wieder begegnet Ihnen der Chef, schon wieder sind Sie etwas spät dran, schon wieder sagt er: „Mein Lieber, es ist neun Uhr!"

Was meint Ihr Chef nur damit? Will er sagen:

1 „Was Sie vielleicht nicht wissen können, es ist neun Uhr." oder

2 „Ihr unpünktliches Verhalten macht mich langsam sauer." oder

3 „Kommen Sie in Zukunft gefälligst pünktlich!" oder

4 „In meinem Betrieb gelten auch für Sie Regeln."

Sicherlich werden Sie antworten: „Die erste Möglichkeit scheidet sehr wahrscheinlich aus." – Aber genau das hat er doch wortwörtlich gesagt. Und Sie sagen: „Jedoch nicht gemeint!" Richtig!

Was also meint der Chef? Er teilt immer alle vier Botschaften mit. Er meint aber immer eine etwas stärker oder fast ausschließlich. Sehen wir sie uns im Einzelnen an:

Sie referieren die Auftragszahlen des letzten Monats vor der Geschäftsleitung. Da geht es um Fakten, um Informationen, die Sie gut aufbereitet, also auch anschaulich darbieten:

1. Ebene

Die Sachebene oder der „es"-Aspekt: die logische Aussage
Die Sache, die Information steht im Vordergrund. Trotzdem können und wollen Sie vermutlich gar nicht verhindern, dass Ihre Einschätzung der Fakten durchscheint. Immerhin wollen Sie zeigen, dass Sie mit Ihrer Voraussage recht gehabt haben. Sie teilen also etwas von sich mit:

2. Ebene

Die Ausdrucksebene oder der „ich"-Aspekt: Ihre Meinung zur logischen Aussage
Es kann Ihnen also durchaus passieren, dass einer Ihrer Gesprächspartner nur auf Ihre Einschätzung hört, zumal er vielleicht die Daten schon kennt. Und er vermeint auch eine gewisse Aufforderung an die Ansprechpartner herauszuhören, dass sie ihre Einschätzung der Lage übernehmen sollten.

3. Ebene

Die Appellebene oder der „du"-Aspekt: wie Sie die Aussage dem Adressaten vermitteln
Aber darin steckt nun noch eine weitere Botschaft. Sie teilen nämlich auch etwas über Ihre Beziehung zu den anderen mit: Ich bin nicht nur geeignet, Fakten vorzutragen. Mit meiner Einschätzung der Fakten bin ich für diesen Kreis kompetent. Ich fühle mich in diesem Kreis gleichberechtigt.

4. Ebene

Die Beziehungsebene oder der „ich-du"-Aspekt: Ihr Verständis zum Adressaten

Folgende Fakten sollten sie wissen:

- Jede Botschaft enthält immer alle vier Aspekte.
- Die vier Aspekte bedingen sich gegenseitig.
- Ein Aspekt steht immer im Vordergrund, ist gemeint.
- Wenn zwei dasselbe sagen, meinen sie Verschiedenes.
- Wer nicht alle vier Aspekte hört, hört nichts.

Beispiel:

 Ihr Mitarbeiter, Herr Mauler, sagt zu Ihnen: „Also, Frau Langer am Computer macht mich mit ihrer Langsamkeit wahnsinnig."

Was haben Sie gehört?

1 Frau Langer arbeitet langsam.
2 Herr Mauler ist mit unserer Sekretärin unzufrieden.
3 Ich soll wohl ein Machtwort sprechen.
4 Herr Mauler kritisiert meine Personalentscheidung.

Stellen Sie sich nun vor, Herr Mauler hatte vor allem den 1. Aspekt im Auge, und Sie haben den 4. Aspekt herausgehört. Wenn das nicht zu einem handfesten Konflikt führt! („Also von Ihnen lasse ich mir nicht vorschreiben, wen ich einstelle." – „Aber ich wollte nur mitteilen, dass der Montag-Termin platzen könnte". – „Nein, nein, Sie kritisieren ständig an meinen Entscheidungen herum." – „Aber das ist eine Unterstellung, die ich mir nicht bieten lassen muss." ... und so weiter und so fort ...)

Wie finden Sie aber nun den richtigen Aspekt und damit die richtige, weil entsprechende Antwort? Na klar, das sieht man ihm doch an!

Die nonverbale Kommunikation

Der Mensch bedient sich zweier Sprachen:

- der gesprochenen Sprache, die verbale Sprache (hörbar) und
- der Körpersprache, die nonverbale Sprache (sichtbar).

Die sichtbare Mitteilungsform ist die weitaus ältere in der Menschheitsgeschichte. Zunächst hat sich der Mensch durch Zeichen verständigt, bevor er sich die ersten „Lautzeichen" zurechtgelegt hat. Viele dieser Zeichen werden weitergegeben, gelten über Sprachgrenzen hinaus und sind deshalb leichter zu verstehen. Dass viele davon in uns angelegt sind und deshalb unbewusst verwendet werden, führt dazu, dass sie auch glaubhafter sind. Manche behaupten sogar, der Körper lüge nie.

Erinnern Sie sich an den Aufenthalt im Lift Kein Wort wurde gesprochen, aber die Augen gingen hin und her, die Körperhaltung wurde kontrolliert, das Gesicht erhielt eine unbeteiligte, coole Miene, vielleicht verschwand auch eine Hand in der Hosentasche und sie suchten sich ein Eck in dem engen Raum, vielleicht fuhr auch Ihre Hand noch korrigierend durchs Haar. Und Ihr Gegenüber hat einen Eindruck von Ihnen bekommen, ob Sie nun wollten oder nicht. Man kann sich eben nicht nicht verhalten!

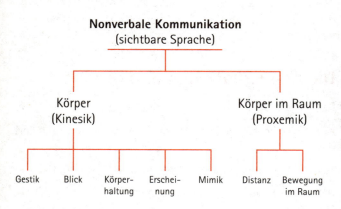

Mimik

Mit ihr teilen Sie vor allem Botschaften zur Beziehungsebene mit. Sie erinnern sich: Es ging um das Entschlüsseln der Ebenen. Die Mimik verrät uns, verrät uns aber auch viel vom anderen!

Beispiele für verräterische Signale:

- Mund öffnen (Erstaunen)
- Geweitete Augen (Schrecken, Entsetzen)
- Stirnrunzeln (Unsicherheit, Überlegen)

- Lächeln (freundliche Grundhaltung)
- Mundwinkel nach unten (Missbilligung)
- Mundwinkel nach oben (Arroganz)
- Augen schließen (Abwehr, Nachdenken)
- Lippen zusammenpressen (Sturheit, Ärger)

Wichtig für Sie:
das freundliche Gesicht, das Lächeln und das Lachen

Sie gehen in eine Besprechung mit konzentriertem Gesicht. Ihr Chef, Ihre Mitarbeiter sehen aber Stirnfalten zwischen den Augenbrauen und leicht nach unten gezogenen Mundwinkeln und glauben, bei Ihnen Missgelauntheit, Unbehagen, Ärger zu entdecken. Sie spüren die Wucht der Verantwortung und zeigen dies durch bedeutungsvolle Mimik, gewissermaßen ein feierlicher Ernst. Die Besprechungsrunde entdeckt jedoch eine Missstimmung, die sie unter Umständen sogar auf sich bezieht. Wie wollen Sie da überzeugend wirken?

Gestik

Wissen Sie eigentlich, was Ihre Hände erzählen, während Sie reden?

Ein paar Beispiele:

- die Hand zur Faust verkrampfen (verhaltener Zorn)
- die Hand vor dem Mund (während des Sprechens: Unsicherheit; nach dem Sprechen: das Gesagte zurücknehmen wollen)
- Arme und Hände unter dem Tisch (Unsicherheit)

- den Finger zum Mund (Verlegenheit oder Nachdenken)
- die Hände in den Hüften (Imponiergehabe, Entrüstung)
- die Hände wie ein Spitzdach geformt gegen den Partner richten (sich gegen jeden Einwand wehren)

Sie müssen sich darüber im Klaren sein, dass Ihr Gesprächspartner genauso gut decodieren (interpretieren) kann wie Sie. Es lohnt sich also auf die eigenen Hände zu sehen.

Wichtig für Sie:

1 Es gibt drei Bereiche für die Wirkung von Gesten:
   - Kinnhöhe bis ca. 10 cm über Gürtellinie: positiv!
   - Gürtellinie ± 10 cm :   neutral!
   - unterhalb der Gürtellinie: negativ!

   Im Sitzen wirkt sich das nicht aus, denn Sie haben die Hände immer über dem Tisch! Im Stehen allerdings sollte es Ihnen gelingen, die Hände vor der Brust zu halten.

2 Hände in den Hosentaschen? Allenfalls eine! Die zweite muss mit den Partnern reden. Doch Vorsicht! Üben Sie keine Gesten ein, sondern lassen Sie Ihren Händen freien Lauf. Hände hinter dem Rücken Nie!

3 Wenn Ihnen zwei Hände zu viel sind, suchen Sie Ihre „Redehand"! Das ist meistens die, die Sie nicht in Ihrer Hosentasche verstecken möchten. Die Hosentaschenhand machen Sie zur „Konzepthand"! Die Karteikarte mit ein paar Daten fixiert Ihre scheinbar überflüssige Zweithand in der neutralen Ebene und lässt sie auch noch nützlich und bedeutend erscheinen.

4 Seien Sie spontan und natürlich! Das steht in allen Rhetorikbüchern. Nur, wie übt man Spontaneität Vergessen Sie es!

Blickverhalten

„Die Augen sind der Spiegel der Seele" oder auch: „Der Schlüssel zur Seele". Wir sprechen von „Liebe auf den ersten Blick". Wir können jemanden „mit Blicken festnageln". Also spricht man besser von Blickkontakt. Wer nicht den Blick erhebt, signalisiert Unsicherheit, schlimmer noch, Unterlegenheit. Vom Anstarren wiederum geht Bedrohung aus.

Im Gegensatz zur Gestik lässt sich der Blickkontakt üben. Es lohnt sich also auf dieses Thema einen Blick zu werfen.

Wichtig für Sie:

1 Schauen Sie Ihre Gesprächspartner an! Suchen Sie den Kontakt! Sie sollten auch in einer Runde von acht Personen innerhalb von einer Minute mit allen Teilnehmern wenigstens einmal Blickkontakt gehabt haben.

2 Suchen Sie sich zu Beginn einen „Freund"! Das sollte jemand sein, der auch bereit ist, Sie anzuschauen.

3 Der Blick zum Fenster, zur Decke, zur Tür (drei Fluchtmöglichkeiten!) signalisiert Fluchtverhalten.

4 Schauen Sie nie einen Gesprächspartner zu lange an, es sei denn, Sie wollen ihn verunsichern!

5 Vermeiden Sie den „Scheibenwischerblick"! Wie er aussieht, können Sie sich denken. Offensichtlich sind Sie zu nahe an den Partnern dran (vgl. nächste Seite: Proxemik).

6 Erst anschauen, dann reden! Also zunächst die Blickverbindung!

Körperhaltung, Körperbewegung

Sitzen Sie in der Besprechung hinter einem Tisch, dann beschränken sich die Mitteilungsmöglichkeiten ihres Körpers. Erheben Sie sich aber, um vor der Leinwand oder vor dem Flipchart zu referieren, dann ist es gut, wenn Sie „mit beiden Beinen auf dem Boden stehen". Schauspieler nennen diese Grundhaltung „Die Brücke", die sich mit Becken und Beinen über dem Boden wölbt.

Wichtig für Sie:

1 Studieren Sie Filmaufnahmen von Ihren Auftritten, oder lassen Sie sich durchaus einmal mit der Videokamera aufnehmen! Denn keiner sagt Ihnen, dass Sie möglicherweise schief dastehen.

2 Nur wenige Winkelgrade, die Ihr Oberkörper nach vorne oder nach hinten geneigt ist, entscheiden darüber, ob Sie als hilfesuchend und unsicher oder als besserwisserisch und arrogant empfunden werden. Sie wissen ja: Ihre Einstellung zählt nicht; nur was der andere wahrnimmt.

Der Körper im Raum (Proxemik)

Der Regisseur im Theater legt für jeden Akteur zu jeder Sekunde dessen Standort und Bewegungen auf der Bühne fest, weil er weiß, dass der Platz (Zentrum, Bühnenrampe, Hintergrund), die Nähe oder Distanz zu anderen Personen und die Bewegungen im Raum bereits Signale aussenden. So wird ein dynamischer Auftritt immer in der Diagonale erfolgen, und der große Herrscherauftritt geschieht im Zentrum aus dem Bühnenhintergrund nach vorne. Damit ist natürlich nicht Ihr Auftritt im Besprechungsraum gemeint!

Wichtig für Sie:

1 Achten Sie grundsätzlich auf die Distanz-Zonen! Die Intimdistanz (bis etwa 60 cm = Armlänge + Faust) sollten Sie bei keiner Gesprächssituation unterschreiten.

2 Die persönliche Distanz (60 cm bis 150 cm) ist gut für das Gespräch. Wollen Sie mit einem Ihnen nicht Bekannten in Kontakt kommen, müssen Sie in diese Distanz eindringen.

3 Bauen Sie nicht zwischen sich und den Gesprächspartnern Barrieren auf (Ordnerstapel, Projektor, stehende Aktentasche etc.)!

4 Wählen Sie die Ansprachedistanz (150 cm +) so, dass Sie den Scheibenwischerblick (oder auch Tenniszuschauerblick) vermeiden!

5 Vorsicht vor dem „Wächtergang"! Sie kennen diesen Kollegen; er wandert, während er doziert, am Gesprächstisch auf und ab und die anderen fühlen sich als seine Gefangenen.

6   Beim Zweiergespräch empfiehlt sich die 90-Grad-Anordnung. Ob Sie stehen oder sitzen, sprechen Sie nie in Gegenüberstellung! Einer von beiden fühlt sich immer bedroht, weil angestarrt. Beide sollten die Gelegenheit haben, ihren Blick am Partner vorbei in die Ferne schweifen zu lassen.

Was leistet die nonverbale Kommunikation?

Wie oben schon angedeutet wurde, produziert der Körper Sprache, die zu einem Teil nicht steuerbar ist, da sie genetisch festgelegt oder in einem langen Prozess erlernt und automatisiert ist.

Diese Signale aber wirken auf den anderen glaubhafter als gesprochene, unabhängig davon, ob sie bewusst und absichtsvoll ausgesandt worden sind. Das Telefongespräch versagt Ihnen die Informationen der Körpersprache; deshalb ist Ihnen das Gespräch im Augenschein lieber.

Die Körpersprache

- ersetzt die gesprochene Sprache (Kopf schütteln, deuten ...)
- unterstreicht sie (Faust auf dem Tisch, streicheln, Zeigefinger)
- verändert sie (fragende Mimik, Drehen der Hand)
- signalisiert die innere Einstellung
- betont die Beziehung zu dem Partner

Wichtig für Sie:

1. Entsprechen (korrespondieren) sprachliche und nichtsprachliche Botschaft, so entsteht ein hohes Maß an Glaubwürdigkeit, es entsteht Vertrauen, Autorität.
2. Passen die Botschaften nicht zueinander, neutralisieren sie sich gegenseitig. Der Anschiss in lockerer Haltung lässt noch hoffen.
3. Widersprechen sich die Botschaften (verbal: „Großartige Leistung!", nonverbal: „Eigentlich unsinnig!"), so wirken Sie unglaubwürdig, Ihre Überredungs- und Überzeugungskraft sinkt.
4. Widersprechen sich die Botschaften, ist man geneigt, der nonverbalen eher zu glauben („der Körper lügt nicht").
5. Widersprechen sich Botschaften, glaubt man eher der negativen, gleichgültig, ob verbal oder nonverbal.

Was Sie beachten sollten

Denken Sie zurück an die vier Ebenen der Verständigung, die so viele Missverständnisse zulassen, und an die nonverbale Kommunikation, bei der auch vieles schiefgehen kann!

Ziel muss sein, die Verständigung so zu gestalten, dass es nicht zu Missverständnissen kommt. Das heißt also,

- die äußere Situation (technische Bedingungen, Sitzordnung, akustische und optische Wahrnehmbarkeit) organisieren,
- hör- und sichtbare Signale in Einklang bringen,
- Sprache und Körpersprache lernen,

- den gemeinten Aspekt (ich-, du-, es-, ich/du-Aspekt) betonen,
- zuhören können.

Kommunikationssperren

Was ist das?

Wenn sich Ihnen eine Person mitteilt – mit einem Problem zu Ihnen kommt – werden Sie ihm/ihr in der Regel mithilfe bestimmter Formulierungen helfen wollen. Sie werden einen Ratschlag oder Hinweise geben oder mithilfe gezielter Fragen das Problem selber verstehen wollen. Diese Hilfe mit bestimmten Formulierungen wird mehr schaden als nützen, wie Sie im Folgenden gleich feststellen werden.

Die Formulierungen blockieren den Kommunikationsfluss Ihres Gesprächspartners. Diese Kommunikationssperren lösen Widerstand, Verteidigung, Wut und Abneigung aus. Die Sperren verhindern, dass der Partner nicht weiter bereit ist, sich mitzuteilen. Auch führen solche Sperren dazu, dass der andere seine Lösung nicht selber finden kann. Untersuchungen zeigen, dass Kommunikationssperren in weit über 90 % der Zeit in die laufende Unterhaltung eingebracht werden – genau dann, wenn einer der Gesprächspartner ein Problem hat.

Kommunikationssperren beeinflussen das Gespräch mehrheitlich negativ. Dies gilt insbesondere, wenn einer der beiden Partner unter Stress steht.

Vielfach ist es so, dass die Kommunikationssperren nicht in ihrer Reinform, sondern in Mischformen vorkommen. Eine

Drohung kann beispielsweise sehr gut mit einer moralisierenden Bemerkung verbunden sein.

Beispiel:

Ihren Mitarbeiter, Herrn Mauler, kennen Sie ja schon und seine Beschwerde bezüglich Frau Langer auch noch: „Also, Frau Langer am Computer macht mich mit ihrer Langsamkeit noch wahnsinnig."

Sie antworten darauf:

a) Sie machen immer den Fehler, Problemlösungen auf die Kapazitätsfrage zu verlagern. ☐

b) Genau daran habe ich auch gedacht. Ganz konkret habe ich mir überlegt, Frau Langer in die Buchhaltung ... ☐

c) Ihnen geht es wohl ganz offensichtlich darum, Ihren Einflussbereich auszuweiten. ☐

d) Genau! Erarbeiten Sie eine Vorlage, aber gut begründet, bis morgen! ☐

e) Kommen Sie mir nicht immer wieder damit! Wenn Sie einen Personalwechsel durchsetzen wollen, werden Sie möglicherweise straucheln. ☐

f) Wie oft habe ich Ihnen gesagt: Leistungen entstehen nicht durch Ressourcen, sondern durch Ideen und Einsatz. ☐

g) Wie kommen Sie darauf Hat Herr Meier Sie wieder aufgestachelt? Wann kam die erste Beschwerde? Wie stellen Sie sich die Finanzierung einer neuen Kraft vor? ☐

h) Das erinnert mich stark an Herrn Oster von der Oster-GmbH; der hat solange Leute eingestellt, bis er pleite war. ☐

i) Schieben Sie nicht die Schuld auf Frau Langer, wenn Sie Probleme mit Ihrem Zeitmanagement haben! ☐

Welche Antworten hätten Sie gewählt? Sie können sicher sein, dass Sie sich einer „Kommunikationssperre" bedient hätten. Denn ob Sie kritisieren, lächerlich machen, loben, interpretieren, befehlen, drohen, moralisieren, hinterfragen, Lösungen anbieten, ablenken, verharmlosen, zustimmen, Sie bauen eine Sperre auf. Eine Auflösung erhalten Sie schon jetzt: Sie haben nicht genau zugehört.

Liste der häufigsten Kommunikationssperren

1 Kritisieren, urteilen, Vorwürfe machen, widersprechen

„Sie machen immer wieder den gleichen Fehler." – „Das hätten Sie sich doch denken können." – „Das war dumm von Ihnen!" – „Das, was Sie sagen, ist einfach falsch." – „Das ist typisch!" – „Du siehst das falsch!"

Diese Formulierungen bremsen den Redner ab und verhindern, dass er die möglichen Schwierigkeiten benennt. Erinnern Sie sich an die Aussage: „Derjenige ohne Fehler, werfe den ersten Stein", und „Wer im Glashaus sitzt, soll nicht mit Steinen werfen!"

2 Namen austeilen, beschämen, lächerlich machen

„Blödmann!" – „Sie sind halt ein altes Gewohnheitstier!" – „Sie haben sie wohl nicht alle!" – „Wer hat das denn schon wieder gemacht?" – „Wer hat denn Sie eingestellt?"

Mit solchen Sätzen wird der Gesprächspartner beschämt und lächerlich gemacht. Wenn er innere Stärke nicht hat, wird er mit den genau gleichen Methoden kämpfen – ein Kampf der langfristig nur Verlierer zurück lässt.

3 Loben, zustimmen, Mir-auch-Egotrips

„Genau!" – „Das Gleiche ist mir vor 2 Tagen/Wochen/ Jahren passiert! Sie müssen jetzt einfach einmal ..." – „So geht es mir auch immer!" – „Das haben Sie gut gemacht." – „Sie haben recht!"

Diese Formulierungen bremsen einen Ratsuchenden ab, sich weiter mitzuteilen: Offensichtlich wird alles positiv gesehen, aber der Sperrende interessiert sich anscheinend mehr für sich selbst als für die Probleme des anderen – der Ratsuchende fühlt sich nicht ernst genommen.

4 Diagnostizieren, analysieren und interpretieren

„Das ist, weil Sie ...". – „Nur weil Sie die höhere Stellung haben, denken Sie ..." – „Was Sie wirklich sagen, ist ..." Es werden zu schnelle und i.d.R. falsche Antworten auf Fragen gegeben, die noch gar nicht fertig durchdacht sind – denn sonst würde der Fragende sich ja gar nicht seines Problems wegen äußern.

5 Befehlen, anweisen, dirigieren

„Denken Sie nicht lange nach, fangen Sie an." – „Fragen Sie nicht lange." – „Sie müssen ..." – „Du wirst sofort ..." – „Woher soll ich das wissen, kümmere Dich selber drum!" – „Ich will jetzt nicht lange diskutieren, machen Sie einfach 1. ..., 2. ... !" – „Alles schön und gut, aber Sie fangen jetzt sofort mit den Bestellungen an!" – „Ich will jetzt nicht lange diskutieren,

Herr Clemens, dazu habe ich keine Zeit. Sie werden als erstes Herrn Krieg anrufen!" – „Nicht lange herummachen jetzt. Dort liegt der Auftrag!" Der Herrschende befiehlt und seine Ansicht ist die einzig gültige.

6 Drohen, warnen, „versprechen"

„Wenn Sie nicht sofort davon aufhören, dann werde ich mich mit Ihrem Vorgesetzten in Verbindung setzen." – „Besser wäre es, wenn Sie meinen Empfehlungen von gestern wirklich Folge leisten würden. Ich weiß sonst nicht, ob ich für die Reaktion meiner Kollegen Garantie übernehmen kann." – „Wenn Sie nicht sofort diesen Auftrag erledigen, dann werde ich ein Memo schreiben und zur Kenntnis an alle höheren Stellen senden!" – „Wissen Sie, wir sitzen hier doch alle im gleichen Boot. Wenn Sie mir einen Gefallen tun, dann helfe ich Ihnen." Drohungen und einschüchternde Formulierungen warnen den anderen vor Handlungen, die negative Konsequenzen für ihn selber provozieren.

7 Moralisieren und predigen

„Sie müssten eigentlich wissen, dass die Direktion ..." – „Siehst Du, jetzt hast Du den Salat. Du hättest damals doch das machen sollen, was Dir Dr. Hummel sagte." Der anderen Person wird gesagt, was das Beste für sie zu tun oder denken ist.

8 Ausfragen, hinterfragen und untersuchende Fragen

„Warum haben Sie das so gemacht?" – „Wie sind Sie erst auf dieses Problem gestoßen?" – „Wieso kümmert Sie das?" –

„Was haben Sie damit zu tun?" – „Wie war das?" – „Was?", „Wer?," „Wo?", „Wann?", „Wieso?", „Womit?", „Wodurch?", „Mit wem?" bedeutet, kurze Fragen zum Thema zu stellen.

Diese Aussagen beenden die Suche nach eigenen Lösungen. Der Angesprochene sucht zuerst den Fragen des Gesprächspartners gerecht zu werden und kommt dann natürlich von seinen eigenen, noch unscharfen Lösungsmöglichkeiten weg.

9 Rat geben, Vorschläge machen, Ideen mitteilen, fertige Lösungen sagen

„Sie müssen einfach Folgendes tun: ..." – „Ich an Deiner Stelle würde jetzt zuerst einmal ..." – „Das ist doch ganz einfach ..." – „Ich schlage Dir vor, dass Du ..." – „Das ist doch ganz einfach: Jetzt ..."

Diese Aussagen sagen der Person, was sie tun oder lassen soll. Das ist selten das, was sie wirklich will. Entsprechend groß ist dann der Widerstand gegen dieses Angebot.

10 Ablenken, nicht auf den anderen eingehen, im Gedankenablauf stören, lachen und/oder fröhlich antworten

„Ihr Problem erinnert mich jetzt genau an etwas, was ich schon lange mit Ihnen diskutieren wollte." – „Ach wissen Sie, wir sollten jetzt lieber über mein schon lange fälliges Projekt sprechen."

Der Angesprochene wird mit seinem Problem nicht ernst genommen. Eine Kränkung oder Ärger wird geradezu provoziert.

11 Beruhigen, verharmlosen

„Das ist doch gar nicht so schlimm!" – „Ach, nehmen Sie das doch nicht so ernst. Sehen Sie sich Herrn Krieg an. Den hat es noch viel schlimmer getroffen!" – „Das hatten wir letztes Jahr schon. Das kommt schon in Ordnung." – „Du musst das positiv sehen, dann wird das schon wieder!"

Beruhigen und Verharmlosen ist eine positive Form der Ablenkung. Sie signalisiert dem Betroffenen, dass der Angesprochene sich nicht mit einem auseinandersetzen will.

12 Logisch oder unlogisch argumentieren, lehren, dozieren

„Sieht Du nicht, dass ..." – „Ist Ihnen klar, dass ..." – „Ich sage Dir jetzt, warum Du dieses Problem hast!"

Es als Zuhörender besser zu wissen, signalisiert nicht Sympathie und Verständnis. Vermeintliches Expertentum provoziert damit beim Betroffenen Widerstand: „Der will ja immer nur recht haben."

Diese Liste der Kommunikationssperren zeigt auch, dass diese nie vermieden werden können.

Jede Reaktion ist eine Stellungnahme.

Wichtig ist deshalb, sich dessen bewusst zu sein. Testen Sie sich, lassen Sie sich testen! Wenn Sie herausfinden, wie Sie am häufigsten in Gesprächen reagieren, wissen Sie auch, wo mögliche Konflikte und Schwierigkeiten stecken.

Vorgehen

Kreuzen Sie einfach die Sperren so an, wie Sie sich selber in Diskussionen erleben. Denken Sie sich eine typische Situation aus, aus der Sie immer wieder unzufrieden hervorgehen, mit Ihrer/m Partnerin/Partner, mit Vorgesetzten oder mit bestimmten Mitarbeitern. Dann machen Sie die Gegenprobe und lassen sich von anderen beurteilen.

Checkliste: Eigene Kommunikationssperren erkennen

		viel	etwas	wenig	nie
1	kritisieren				
2	beschämen				
3	loben				
4	diagnostizieren				
5	befehlen				
6	drohen				
7	moralisieren				
8	ausfragen				
9	Rat geben				
10	ablenken				
11	beruhigen				
12	argumentieren				

Wie Sie Ihr Verhalten bei Gesprächen verbessern können

Ein paar goldene Regeln

1 Begleiten Sie die Rede des Partners mit Blickkontakt und Mhms!

Sie kennen das: Sie referieren in der Besprechung einen wichtigen Vorgang und jeder beugt sich über seine Spezialpapiere. Man lässt Sie buchstäblich, was Zuwendung angeht, verhungern. Und Sie fragen sich, ob eigentlich überhaupt noch jemand zuhört. Diese Tortur sollten Sie Ihrem Gesprächspartner nicht antun.

„Mhm" gehört zu den wichtigsten Gesprächsbegleitern. Probieren Sie es aus: Lassen Sie am Telefon den anderen Teilnehmer erzählen und bleiben dabei völlig stumm. Schon nach drei Sätzen fragt er, ob Sie noch in der Leitung sind. Er fühlt sich alleingelassen. Also signalisieren Sie auch durch Laute Ihre Aufmerksamkeit! Man nennt dies auch „Aufnehmendes Zuhören".

2 Halten Sie Ablenkungen fern!

Das beginnt mit der Suche nach dem geeigneten Raum und endet mit der Atmosphäre, in der das Gespräch stattfindet. Und dass Sie nicht nebenher der Sekretärin noch Anweisungen geben oder Ihren Aktenordner studieren, ist ohnehin selbstverständlich. Napoleon konnte angeblich drei Dinge nebenher tun. Zuhören konnte er nicht!

3 Warten Sie die vollständige Mitteilung ab, bevor Sie antworten!

Sie sollten Ihrem Gesprächspartner nicht ins Wort fallen. Das gebietet schon die Höflichkeit. Fallen Sie ihm ins Wort, so signalisieren Sie ihm damit, dass es auf seine weiteren Ausführungen nicht mehr ankommt. Sie haben schon die „Lösung" (siehe Kommunikationssperren). Übrigens: Man kann auch nicht gut zuhören, wenn man selbst spricht. Das Gespräch haben Sie sicher schon erlebt: Zwei reden aufeinander ein; keinen interessiert eigentlich, was der andere sagt. Aber ist das ein Gespräch? Also akzeptierend und bestätigend schweigen können!

Halten Sie durchaus auch einmal eine Pause aus! Der Partner muss nachdenken, sich sammeln dürfen.

4 Lassen Sie sich nicht durch Reizwörter ablenken!

„Wenn ich schon das Wort ‚innerbetriebliche Fortbildung' höre, ist bei mir der Ofen aus." Kennen Sie eine solche Äußerung? Oder: „Herr Kluge hat auch gesagt, dass ..." – „Hören Sie mir bloß mit Herrn Kluge auf!" Wenn Sie so reagieren sollten, dann haben Sie nicht zugehört, sondern nur darauf gewartet, Ihren Vorurteilen Zucker zu geben. Und Ihrem Partner signalisieren Sie, dass Sie nur darauf gewartet haben, das Gespräch zu einem raschen und keineswegs guten Ende zu bringen.

5 Überprüfen Sie, was Sie verstanden haben!

Wenn Sie Missverständnisse vermeiden, wenn Sie die richtige Ebene („ich"-, „du"-, „es"- ...) herausfinden wollen, dann bietet sich das „umschreibende Zuhören" an. Sie wiederholen nicht das Gesagte, sondern versuchen das, was Sie gehört haben, mit eigenen Worten zu paraphrasieren. Das hat wohlgemerkt mit Interpretieren oder Werten (vgl. Kommunikationssperren!) nichts zu tun. Eingeleitet wird diese Umschreibung mit Formeln wie: „Verstehe ich Sie richtig, dass ...?" – „Sie sind der Meinung, dass ..." – „Es sieht so aus, als wollten Sie ..." – „Was Sie sagen, fasse ich so auf ..."

6 Zeigen Sie Einfühlungsvermögen!

Die hohe Kunst des Zuhörens heißt „Aktives Zuhören". Ziel muss es sein, auf die Empfindungen, Gefühle des Partners einzugehen. Häufig klingen Gesprächsbeiträge sehr sachlich, sind aber auch von Gefühlen getragen. Versuchen Sie also, die Gefühlslage des anderen zu beschreiben. Beispiel: „Wir brauchen unbedingt eine andere Sekretärin." – „Sie sind wohl über das Arbeitstempo von Frau Langer verärgert." Sehr viel einfacher für Sie wird es allerdings, wenn Ihr Partner mit seinem Gefühl nicht hinter dem Berg hält. Solche „Ich-Botschaften" fördern die Verständigung: „Das Arbeitstempo von Frau Langer nervt mich."

7 Zuhören können hilft Probleme lösen!

Wenn Ihr Mitarbeiter mit einem Problem zu Ihnen kommt und Sie haben die Geduld und die Fähigkeit zuzuhören, dann lösen nicht Sie das Problem, sondern der Partner kommt auf die Lösung. Nicht Sie geben Ratschläge (Ratschläge sind auch Schläge!), sondern durch Ihr aufnehmendes und aktives Zuhören bringen Sie den anderen dazu weiterzudenken. Motivieren durch Zuhören!

Türöffner – oder wie Sie Kommunikationssperren vermeiden

Was ist das?

Türöffner sind Formulierungen, die es Ihnen erleichtern, verbalen Kontakt mit Gesprächspartnern in eher schwierigen Situationen aufzubauen und zu halten. Wie aus den Kommunikationssperren deutlich wird, wirken viele Formulierungen für die andere Person moralisierend, belehrend, zurechtweisend oder sonstwie negativ – ohne dass das Ihnen selber unbedingt wichtig ist.

Türöffner sind Formulierungen, die dem Gesprächspartner die Gesprächstüre zu Ihnen öffnen. Sie machen die Türe auf, insbesondere in Situationen, in denen Ihr Gesprächspartner ein Problem hat oder womöglich sogar ganz weit oben emotional auf der Palme sitzt. Mit dem Türöffner signalisieren Sie dem Problembesitzer, dass Sie parat zum Zuhören sind. Sie signalisieren, dass Sie selber ihm den Vortritt lassen, sich mitzuteilen.

Welchen Nutzen bringen Türöffner?

Türöffner erleichtern dem vielleicht noch unsicheren Gesprächspartner überhaupt einmal den Mund aufzumachen. Er erhält die Möglichkeit, die ersten Schritte zu wagen, eigene Frustrationen oder Probleme mitzuteilen.

Türöffner geben dem von einem Problem Betroffenen die Gelegenheit den Faden zu finden und dabei zu bleiben.

Wenn Sie Türöffner verwenden, stellen Sie sicher, dass Sie nicht allzu schnell Ratschläge verteilen, bevor Ihr Gesprächspartner überhaupt sein Problem für sich selber formuliert hat. Sie nehmen so Stress aus einer Diskussion, in der Sie gegeneinander mit immer höherer Energie senden und nicht zu vernünftigen Lösungsmöglichkeiten kommen, weil Sie durch mangelndes Zuhören und mangelnden Türöffner den Gesprächspartner immer wieder unterbrechen.

Beim Zuhören sind eine ganze Reihe von Ausdrücken hilfreich. Die Wiederholung des Satzes: „Es klingt so, als ob ..." oder „Sie meinen es doch sicher so, dass ..." wirkt auf den Gesprächspartner schnell irritierend und erweckt den Eindruck eines mechanischen Ablaufes, anstatt einer echten und einfühlsamen Erwiderung. Türöffner unterstützen Ihren eigenen individuellen Sprachstil.

So gehen Sie vor

- Türöffner setzen Sie in jeder Gesprächssituation ein, bei der Sie Ihrem Gesprächspartner die Gelegenheit geben wollen, sich mitzuteilen. Sie müssen sich dabei im Klaren sein, dass es dann hinterher auch Zeit braucht, ein solches Gespräch in Ruhe zu Ende zu führen.
- Vorschlag: Lernen Sie jetzt ganz einfach einige Formulierungen auswendig.
- Wenden Sie diese Formulierungen in einer Kundensituation an.
- Wenden Sie die Formulierungen an, wenn Sie in einer bilateralen Besprechung stecken und Sie schon geraume Zeit das Gefühl haben, irgendetwas nerve Ihren Gesprächspartner schon lange.
- Experimentieren Sie einfach einmal unterwegs mit unterschiedlichen Personen, von denen Sie das Gefühl haben, dass diese ein Problem mit sich herum schleppen.
- Um die Gefühle und Empfindungen eines anderen einigermaßen zu verstehen, müssen Sie sich in seinen/ihren persönlichen Bezugsrahmen hinein versetzen. Da es aber niemandem gelingt, die Dinge ganz aus dem Blickwinkel des anderen zu sehen, ist im besten Fall eine Annäherung an das Verstehen möglich. Deshalb müssen die Erwiderungen beim Zuhören tastend sein um definitive Aussagen dem Sender zu überlassen.

Türöffner helfen einer mit einem Problem behafteten Person, einen Gesprächsstart zu finden

Wenn Sie das Gefühl haben, dass Ihre Wahrnehmungen zutreffen und der Sender für aktives Zuhören empfänglich ist, können Sie zum Beispiel folgende Ausdrücke verwenden:

Beispiele

Sie haben das Gefühl, dass ...
Von Ihrem Standpunkt aus ...
Es scheint Ihnen ...
Wie Sie es sehen ...
Aus Ihrer Perspektive ...
Sie denken, dass ...
Sie glauben, dass ...
Wenn ich Sie richtig verstehe ...
Sie sind ... (das Gefühl nennen, z.B. traurig, überglücklich)
Ich glaube zu verstehen, dass Sie ...
Mit anderen Worten ...
Sie meinen ...

Wenn es Ihnen nicht klar ist, was der Sender meint, oder wenn er für aktives Zuhören nicht bereit zu sein scheint, dann sind die folgenden Ausdrücke nützlich:

Beispiele

Könnte es sein, dass ...
Ich frage mich, ob ...
Ich weiß nicht, ob ich Ihnen folge ...
Gefällt Ihnen die Idee ...
Sagen Sie mir, ob ich mich irre, aber ...
Könnte es vorkommen, dass ...
Trifft es zu, dass ...
Von meinem Standpunkt aus ...

Türöffner – oder wie Sie Kommunikationssperren vermeiden

Ich glaube, Sie richtig verstanden zu haben ...
Es hört sich an, als ob Sie ... (dieses oder jenes Gefühl haben)
Es scheint, dass ...
Vielleicht fühlen Sie sich ...
Irgendwie habe ich das Gefühl, dass ...
Ich habe den Eindruck ...
Ist es so, wie ich Sie verstehe Sie ...
Lassen Sie mich sehen, ob ich Ihnen folge. Sie ...
Habe ich Sie richtig verstanden, dass Sie ...

Teil 2: Moderation

Vorwort

Ärgern Sie sich öfter über Zeitverschwendung in Arbeitssitzungen? Haben Sie manchmal den Eindruck, dass in Workshops zwar viel geredet, aber wenig erreicht wird? Möchten Sie unkomplizierte, handfeste Tipps und Anregungen, wie man es besser machen kann?

Dieser TaschenGuide zeigt Ihnen, wie man moderierte Arbeitssitzungen professionell vorbereitet, durchführt und abschließt. Er beschreibt, welche Kernaufgaben ein Moderator hat, mit welchen Werkzeugen er eine Arbeitsgruppe unterstützen kann, wie man Ergebnisse und deren Umsetzung sichert, und wie man als Moderator schwierige Situationen meistert.

Der Schwerpunkt liegt auf praxisnahen Vorgehensweisen, die auch dann leicht umsetzbar sind, wenn Sie nur gelegentlich Arbeitsgruppen leiten.

Dr. Andreas Edmüller und Dr. Thomas Wilhelm

Worauf es bei der Moderation ankommt

Die Arbeit in Gruppen ist heute unverzichtbar, denn die Aufgaben sind so komplex geworden, dass die Kapazität und Kompetenz des Einzelnen häufig nicht mehr ausreichen, um optimale Ergebnisse zu erzielen. Doch auch Teamarbeit muss effizient organisiert werden. Lesen Sie hier

- wie Moderation dazu beiträgt,
- in welchen Situationen Moderation sinnvoll ist,
- welche Aufgaben der Moderator übernimmt.

Was Moderation bringt

Wer hat sich nicht schon über zähe Sitzungen geärgert, die am Ende weder Information geliefert noch Ergebnisse gebracht haben? Moderation trägt dazu bei, die gesteckten Ziele mit möglichst geringem Aufwand zu erreichen und Ressourcen wie Kreativität, Engagement oder Arbeitszeit optimal zu nutzen.

Die Grundidee der Moderation

Die Arbeitsweise der Moderation ist

- systematisch

  Die einzelnen Arbeitsschritte folgen logisch aufeinander.

- strukturiert

  Jeder Arbeitsabschnitt ist in sich sinnvoll gegliedert.

- offen

  Manipulation jeder Art ist ausgeschlossen.

Eine solche Zusammenarbeit macht Spaß. Und Arbeit, die Spaß macht, führt auch zu guten Ergebnissen.

> Moderation ist eine systematische, strukturierte und offene Vorgehensweise, um Arbeitssitzungen (Workshops, Besprechungen, Meetings, Qualitätszirkel, Teamsitzungen etc.) effizient vorzubereiten, zu leiten und nachzubereiten.

Die Moderation von Sitzungen hat viele weitere Vorteile:

- die Teilnehmer konzentrieren sich auf die Inhalte,
- die Ergebnisse werden transparent,

- die Unternehmenskultur verbessert sich,
- die Motivation steigt.

Man konzentriert sich auf die Inhalte

Eine professionelle Moderation kann die Qualität der Arbeitsergebnisse messbar erhöhen. Denn die Unterstützung durch den Moderator ermöglicht es den Teilnehmern, sich ganz auf die inhaltlichen Aspekte des Themas der Arbeitssitzung zu konzentrieren und ihr Fachwissen unbelastet von anderen Aufgaben einzubringen.

Die Ergebnisse werden transparent

Ein weiterer wichtiger Effekt: Gemeinsam erarbeitete Ergebnisse (Ziele, Handlungspläne, Entscheidungen etc.) werden auch motivierter umgesetzt. Denn wer eine Entscheidung mit erarbeitet und mitgestaltet hat, versteht sie wesentlich besser, als derjenige, der nur darüber informiert wird. Missverständnisse – die oft die Umsetzung von Zielen behindern – werden in einer Gruppe, in der jeder systematisch einbezogen ist, schnell offenkundig und können ausgeräumt werden. Schließlich wird kein Teilnehmer einer richtig moderierten Sitzung befürchten, bei wichtigen Entscheidungen bzw. Planungen übergangen zu werden.

Die Unternehmenskultur verbessert sich

Professionelle Moderation kann mittel- und langfristig die Argumentations- und Kommunikationskultur und damit die Zusammenarbeit in einem Team oder im Unternehmen entscheidend verbessern. Der Erfolg richtig moderierter Arbeitssitzungen wirkt motivierend für die weitere Zusammenarbeit in Gruppen und erhöht die Fähigkeit und den Willen, andere Sichtweisen zu erkennen, zu akzeptieren und sie zu nutzen. (Fach-)Wissen und Informationen werden bereitwilliger ausgetauscht und eingesetzt. Im Rahmen moderierter Arbeitssitzungen werden oft auch informelle Kontakte aufgebaut, die im Unternehmensalltag „Gold wert" sein können.

Die Motivation steigt

Ziel der Moderation ist nicht zuletzt, typische Motivationskiller auszuschalten. Allzu oft werden Arbeitssitzungen durch Chefmonologe und einsame Chefentscheidungen, permanente Soloauftritte redebegeisterter Mitarbeiter, Verzetteln und Abschweifen vom Thema, unsachliche Diskussionsformen wie persönliche Angriffe und mehrstündiges Rundum-Palaver ohne greifbare Ergebnisse langweilig und ineffizient. Ein guter Moderator kann hier wirksam eingreifen und eine kreative und offene Diskussion etablieren.

Wann Sie Moderation einsetzen sollten

Wo immer mehrere Personen zusammen ein Ziel erreichen wollen, ob in Teamarbeit, Projektgruppen, Qualitätszirkeln oder anderem, ist Moderation gefragt. Die Bedeutung kompetenter Moderatoren für ein Unternehmen kann deshalb gar nicht hoch genug eingeschätzt werden.

Typische Anlässe für eine Moderation sind Situationen, in denen ein Team oder eine Gruppe gemeinsam ein Resultat erarbeiten soll. Hier einige typische Beispiele:

- Eine Gruppe wird über ein neues Projekt, neue Strukturen oder Entscheidungen informiert und erhält Gelegenheit zur Diskussion.
- Ein Qualitätszirkel möchte ein Problem analysieren, verstehen und dauerhaft lösen.
- Ein Auftrag an ein DV-Projektteam soll präzisiert und als realistisches Zielsystem mit Zeit- und Arbeitsplanung ausformuliert werden.
- Ein Team möchte die Verteilung der Arbeitsaufträge in einem Projekt festlegen.
- Ein Team will eine wichtige Entscheidung diskutieren, treffen und umsetzen.
- Eine Gruppe möchte Ideen zu einer offenen Frage sammeln, zusammenfassen, gewichten und daraus eine Entscheidungsvorlage erarbeiten.
- Zwei Abteilungen sollen eine Lösung für einen schon lange zwischen ihnen schwelenden Konflikt finden.
- Eine Gruppe von Abteilungsleitern will die Ursachen typischer Schnittstellenprobleme erkennen und dauerhaft beseitigen.
- Eine Gruppe von Führungskräften der mittleren und höheren Ebenen möchte die Jahresstrategie für ihren Unternehmensbereich ausarbeiten.

Welche Rahmenbedingungen Moderation braucht

Moderation ist weder Patentrezept noch Zaubermittel. Moderation ist eine bestimmte Arbeitsweise, mit der Sie einem Team oder einer Gruppe anbieten, Energien und Ideen systematisch in den Dienst einer gemeinsamen Sache zu stellen.

Dazu benötigen Sie bestimmte Rahmenbedingungen. Die wichtigste Voraussetzung ist eine von Glaubwürdigkeit und Vertrauen geprägte Führungs- und Kommunikationskultur. Das heißt konkret:

- Die Mitarbeiter müssen vollständig und offen über Anlass, Ziele, Hintergrund, Erfolgserwartung und Nutzen ihrer Arbeit informiert werden.
- Alle wichtigen Informationen müssen den Mitarbeitern zugänglich sein bzw. zugänglich gemacht werden.
- Die Zusammenarbeit und Kommunikation im Moderationsprozess darf durch Hierarchien weder gehemmt noch blockiert werden. Der freie und offene Meinungsaustausch muss gewährleistet sein.
- Bei der Zusammenarbeit und in der Umsetzungsphase steht die Qualität der Argumente im Mittelpunkt, nicht die „hierarchische Wertigkeit" von Personen.
- Es gilt das Gebot der Vertraulichkeit: Was gesagt wird, bleibt prinzipiell im Moderationsraum.

Das folgende Beispiel wird Ihnen veranschaulichen, was passiert, wenn die Rahmenbedingungen nicht stimmen:

Beispiel:

Die Situation: Herr Huber, Chef der Zahnradfabrik Huber, will sich vom Abteilungsleiter Werner während seines vierwöchigen Urlaubs vertreten lassen. Er versteht sich mit Herrn Werner persönlich gut und hält ihn für entscheidungsfreudig. Herr Werner kennt die wichtigsten Vorgänge in der Firma. Herr Huber will ihn auch als Mentor seines Sohnes einsetzen, der bald als Juniorchef in die Firma kommen wird.

Das Problem: Herr Werner ist schon öfter bei seinen Kollegen auf Abteilungsleiterebene angeeckt. Den meisten gilt er als zu forsch, egozentrisch und uneinsichtig.

Die Sitzung: Um sicherzustellen, dass während seiner Abwesenheit keine Konflikte unter den Abteilungsleitern entstehen, möchte Herr Huber nicht einfach bestimmen, wer ihn vertreten soll. Deshalb bietet er seinen Abteilungsleitern im Rahmen einer Sitzung an, eine gemeinsame Entscheidung über seine Vertretung zu treffen. Gleich zu Beginn sagt er, dass er sich Herrn Werner als Vertretung sehr gut vorstellen könne und übernimmt dann selbst die Diskussionsleitung. Er geht davon aus, dass sich die Abteilungsleiter seiner klar formulierten Meinung anschließen.

Doch die Gruppe möchte nicht Herrn Werner, sondern Frau Karsten als Vertreterin des Chefs sehen, da Frau Karsten die „dienstälteste" Abteilungsleiterin ist und die Firma in- und auswendig kennt. Außerdem genießt sie Respekt und das Vertrauen ihrer Kollegen und Mitarbeiter – und sie ist mit fast allen Stammkunden bestens bekannt.

Herr Huber ist damit jedoch keineswegs einverstanden: Schließlich ist er hier der Chef und hat auch deutlich gesagt, welche Lösung er vorzieht. Er beendet die Diskussion mit dem Hinweis, dass er den Vorschlag der Abteilungsleiter zwar zur Kenntnis nehme, aber weiter davon überzeugt ist, Herr Werner sei der beste Stellvertreter – selbstverständlich ohne Frau Karsten zu nahe treten zu wollen. Herr Huber überträgt die Stellvertretung also wie geplant Herrn Werner.

Das Resultat:

Frau Karsten ist verärgert (Warum nicht ich?).

Die Abteilungsleiter sind verärgert (Warum lässt er uns erst Argumente zusammentragen, wenn er dann sowieso nur das tut, was er ohnehin schon wollte? Der Chef erwartet von uns nicht unsere ehrliche Meinung, sondern will, dass wir seine vorgefasste Meinung erraten und bestätigen.).

Herr Werner ist verunsichert. (Das werde ich wohl zu spüren bekommen, dass mich niemand als Stellvertreter wollte.)

Vor dem Hintergrund dieser „Unternehmenskultur" kann Moderation nicht funktionieren.

Welche Rolle Sie als Moderator haben

Ein Moderator sollte sich als Dienstleister verstehen. Er unterstützt die Gruppe dabei, ihre Ziele zu finden und effizient zu erreichen. Ein Moderator kann von außen für eine Sitzung engagiert werden, es können aber auch Mitarbeiter des eigenen Unternehmens gebeten werden, eine Moderation zu übernehmen.

Welche Einstellung sollte ein Moderator mitbringen? Ideal wäre die Verbindung von optimistischer Gelassenheit mit durchsetzungsfähiger Toleranz. Wichtiger als jedes Ideal sind aber Ehrlichkeit und Offenheit. Diese Eigenschaften sind die Basis für Glaubwürdigkeit und Vertrauen. Wenn Sie als Moderator glaubwürdig sind und das Vertrauen der Teilnehmer genießen, „dürfen" Sie Fehler machen, Ecken und Kanten zeigen – und werden „trotzdem" (besser: gerade deshalb!) mit schwierigen Situationen fertig.

Also: Seien Sie Sie selbst, spielen Sie keine Rolle, denn Authentizität ist die Grundvoraussetzung für eine erfolgreiche Moderation.

Was gehört zu Ihren Aufgaben?

Normalerweise übernehmen Sie als Moderator Vorbereitung, Leitung und Nachbereitung einer Arbeitssitzung. Die Gruppe sollte von allen Fragen zu Organisation, arbeitstechnisch-methodischem Vorgehen und zur Ergebnissicherung der Arbeitssitzung entlastet sein.

Als Moderator haben Sie folgende Aufgaben:

Checkliste: Aufgaben des Moderators

Aufgaben	
▪ Stellen Sie sicher, dass alle wichtigen Personen rechtzeitig zur Arbeitssitzung eingeladen und über deren Sinn, Zweck und Themen informiert werden.	
▪ Entwickeln Sie eine Strategie zur Vorgehensweise in der Arbeitssitzung (Zeit- und Arbeitsplan).	
▪ Überlegen Sie sich Methoden, die der Gruppe entsprechend der Zielsetzung der Arbeitssitzung helfen, das Ziel zu erreichen bzw. die Strategie umzusetzen.	
▪ Achten Sie darauf, dass bei der Zusammenarbeit alle Teilnehmer gehört und berücksichtigt werden und niemand die Gruppe unfair dominiert.	

- Stellen Sie durch Strategie- und Methodenwahl sicher, dass alle Teilnehmer aktiv mitarbeiten können.
- Schützen Sie jeden Teilnehmer vor unfairen Angriffen.
- Erklären Sie vor jedem Arbeitsschritt das Vorgehen und das Ziel.
- Strukturieren und leiten Sie die Diskussionen.
- Unterstützen Sie das Team bei der Überwindung von Schwierigkeiten, Konflikten und Blockaden.
- Bemühen Sie sich um Neutralität und vermeiden Sie im Normalfall, die Beiträge der Teilnehmer zu bewerten oder zu kommentieren.
- Stellen Sie sicher, dass die Ergebnisse adäquat protokolliert und schnell an alle Beteiligten bzw. Betroffenen weitergeleitet werden.

Freilich sind Sie nicht nur der Arbeitsgruppe gegenüber verpflichtet, sondern müssen auch die Interessen des Auftraggebers beachten – Auftraggeber ist, wer die Arbeitsgruppe ins Leben gerufen hat. Moderation ist eine Investition von Zeit, Energie und Geld. Stellen Sie also für Ihren Auftraggeber sicher, dass die investierte Zeit und Energie der Gruppenmitglieder bestmöglich genutzt wird bzw. die vereinbarten Ziele des Moderationsprozesses möglichst effizient erreicht werden.

Bei allen Regeln, Leitfragen und Tipps, die wir Ihnen vorschlagen, gilt: Sie sollen Ihnen eine Vorstellung von dem geben, was Ihre Tätigkeit umfassen kann, und Sie unterstützen, wo immer Sie dies wollen. Feste, unumstößliche Regeln für die Moderation dürfen Sie nicht erwarten. Diese können und wollen wir Ihnen auch nicht geben. Denn es gibt keine festen Regeln, da Menschen und Situationen viel zu unterschiedlich sind.

> Bitte denken Sie daran: Alles, was Sie als Moderator tun, sollten Sie zwanglos und souverän tun, und das können Sie nur mit Methoden, die Ihrer Art zu moderieren entsprechen und die Sie für richtig halten.

Was Moderation nicht ist

- Eine Methode zur Absegnung bereits (heimlich „von oben") getroffener Entscheidungen.
- Eine Kuschel- oder Therapietechnik zur Stärkung des Teamfeelings.
- Eine Manipulationsmethode, um ein Team „aufs richtige Gleis zu bringen".
- Eine Gelegenheit zur Selbstdarstellung von Moderatoren.
- Eine Durchsetzungs- oder Überzeugungstechnik für bzw. gegen „widerspenstige" Teams.
- Ein Universalmittel. Es gibt viele Situationen, in denen eine moderierte Entscheidungsfindung falsch wäre.

  Beispiele dafür sind diverse Personalentscheidungen, viele wichtige Entscheidungen unter Zeitdruck, Entscheidungen mit solcher Tragweite, dass Sie die Verantwortung eines Teams bzw. seiner Mitglieder übersteigen oder schwerwiegende Entscheidungen, für die eine Einzelperson juristisch bzw. moralisch verantwortlich ist.

> Moderation ist also kein Selbstzweck, sondern vielmehr ein Mittel, um definierte Ziele auf einem bestimmten Weg zu erreichen.

Eine Moderation vorbereiten

*Alle Dinge gelingen, wenn sie vorbereitet sind,
und misslingen, wenn sie nicht vorbereitet sind.*

(Konfuzius)

Wesentliche Voraussetzung für den Erfolg einer Arbeitssitzung (Workshop, Besprechung, Meeting, Qualitätszirkel, Teamsitzung etc.) ist eine gründliche Vorbereitung. Davon handelt das folgende Kapitel. Sie erfahren

- wie Sie die geeigneten Teilnehmer auswählen
- wie Sie Anlass und Ziel der Sitzung korrekt ermitteln
- wie Sie alle zur Gestaltung erforderlichen Mittel organisieren
- wie eine korrekte Einladung aussieht

Warum die Vorbereitung so wichtig ist

Eine effiziente Arbeitssitzung beginnt mit der optimalen Vorbereitung. Diese erste Phase ist wichtig, weil sie unverzichtbare Informationen zum Hintergrund, zu den Teilnehmern und für die Planung der Arbeitssitzung liefert. Als Moderator sollten Sie sich deshalb schon vor Ihrem Einsatz über folgende Aspekte Gedanken machen:

- Wer nimmt teil, und worauf muss ich besonders aufpassen? (Adressatenanalyse)
- Worum geht es, und welches Ergebnis wollen wir erarbeiten? (Anlass, Auftrag, Ziele und Inhalte der Arbeitssitzung)
- Welche Schritte führen uns zum Ziel der Sitzung, zum angestrebten Ergebnis? (Gestaltung der Arbeitssitzung)
- Welche Arbeitsmittel brauchen wir? Müssen Räume, Übernachtungsmöglichkeiten etc. bestellt werden? (Organisation und Logistik)
- Wer sollte teilnehmen, und wie informiere ich die Teilnehmer? (Einladung)

Im Idealfall setzen Sie sich in der Vorbereitungsphase in Einzelgesprächen mit dem Auftraggeber und einigen repräsentativen Mitgliedern der Arbeitsgruppe zusammen. Ist das nicht möglich, müssen die wichtigsten Fragen gleich zu Beginn der Arbeitssitzung gemeinsam gestellt und beantwortet werden.

Die folgenden Fragelisten zeigen Ihnen, wonach es sich im Rahmen der Vorbereitung zu fragen lohnt. Im Einzelfall kann es natürlich sein, dass einige Fragen wegfallen, dafür aber andere wichtig werden, die zusätzlich gestellt werden müssen.

Wer nimmt teil? – Die Adressatenanalyse

Je mehr Sie über die Teilnehmer und deren Hintergrund wissen, desto besser können Sie Ihre Moderation auf die Gruppe abstimmen. Achten Sie aber unbedingt darauf, dass Sie keine Wertungen aus den Informationen ableiten, die Sie bei Ihrer Arbeit als neutraler Moderator nur behindern würden.

Mit der folgenden Checkliste können Sie die wichtigsten Informationen zu den Teilnehmern zusammentragen:

Checkliste: Adressatenanalyse

- Wer sind die Teilnehmer?

- Wie gut kennen sich die Teilnehmer untereinander?

- Welchen beruflichen/fachlichen Hintergrund haben sie?

- Welches Vorwissen/Fachkenntnisse bringen die einzelnen Teilnehmer mit?

- Welche Hierarchieverhältnisse herrschen in der Gruppe?

- Welche Stellung nimmt die Gruppe im Gesamtunternehmen ein?

- Welche Erfahrungen zur gemeinsamen Arbeit/Moderation bringen die Teilnehmer mit?

- Wie ist der Informationsstand der Teilnehmer?

- Welche Einstellung haben die Teilnehmer zum Arbeitsauftrag/zur Arbeitssitzung?

- Welche Einstellung haben die Teilnehmer zum Moderator und zur moderierten Arbeitsweise?

Im folgenden Beispiel können Sie sehen, welche Auswirkungen es haben kann, wenn die Adressatenanalyse nur lückenhaft durchgeführt wurde.

Beispiel:

Die Situation: Frau Simon wird von Abteilungsleiter Winter gebeten, ein Konfliktgespräch zwischen ihm und seinem Stellvertreter, Herrn Huber, zu moderieren. Frau Simon wird in ihrem Unternehmensbereich gerne als Moderatorin für Konflikte herangezogen. Es gelingt ihr meistens sehr schnell, Vertrauen zu den Konfliktparteien aufzubauen und diese bei der Lösungsfindung zu unterstützen.

In der Vorbereitungsphase erkennt Frau Simon in Gesprächen mit Herrn Winter und Herrn Huber, dass die Situation keineswegs aussichtslos ist und sieht schon mehrere realistische Lösungsmöglichkeiten. Ihren Optimismus teilt Sie beiden Gesprächspartnern mit, natürlich ohne konkret zu werden.

Im Konfliktgespräch selbst aber verhält sich Herr Huber sehr verschlossen und unkooperativ und leistet nur minimale Beiträge zur Lösungsfindung. Das Gespräch endet ohne greifbare Ergebnisse, die Fronten scheinen sich sogar noch verhärtet zu haben. Frau Simon ist frustriert. Sie kann sich nicht erklären, wie es dazu kam.

Was ist schief gelaufen? – Herr Huber hat bei seinem letzten Arbeitgeber sehr schlechte Erfahrungen mit Moderatoren gemacht. Moderatoren wurden dort als Disziplinierungs- und Durchsetzungskommando eingesetzt. Herr Huber hatte deshalb im Konfliktgespräch Angst, dass Offenheit und Kooperation zu seinem Nachteil ausschlagen könnten. Aus seinem Erfahrungshintergrund heraus hat er das Gespräch mehr oder minder bewusst als Finte des Abteilungsleiters verstanden, der seine Vorstellungen durchsetzen will. Er sah für sich dabei also keine aktive Rolle.

Frau Simon hat sich bei der Adressatenanalyse offenbar stark auf ihren guten Ruf und ihre Vertrauensstellung im Unternehmen verlassen – und darauf, dass moderierte Sitzungen allgemein positiv eingeschätzt werden. Hätte sie daran gedacht, die beiden letzten Fragen der Checkliste zur Adressatenanalyse zu stellen, hätte das Gespräch wahrscheinlich einen konstruktiven Verlauf genommen.

Worum geht es in der Sitzung?

Klären Sie vorab die Erwartungen, die von den Beteiligten an die moderierte Sitzung gestellt werden. Von zentraler Bedeutung ist dabei natürlich der Anlass für die Sitzung und wer welche Ziele damit verfolgt. Sie sollten zusammen mit dem Auftraggeber und den Teilnehmern der Arbeitssitzung den Auftrag präzise bestimmen.

Checkliste: Anlass und Ziel der Sitzung

- Worum geht es überhaupt?

- Wer hat die Gruppensitzung angeregt bzw. veranlasst?

- Welcher Anlass besteht für die Gruppensitzung bzw. die Zuziehung eines Moderators?

- Was verspricht sich der Auftraggeber von der Gruppensitzung bzw. der Moderation?

- Wie lautet der Auftrag für die Gruppensitzung bzw. das Gesamtprojekt, dessen Teil die Gruppensitzung ist?

- Warum ist der Auftrag sinnvoll bzw. wichtig?

- Wer hat an dem Auftrag ein wichtiges Interesse inner- und außerhalb des Unternehmens/Teams?
  ___

- Was ist das Ziel der Arbeitssitzung bzw. des Gesamtprojektes?
  ___

- Handelt es sich um eine Informationsbesprechung, eine Besprechung zur Problemlösung oder Entscheidungsvorbereitung oder um eine andere Besprechung?
  ___

- Warum ist das Ziel sinnvoll und wichtig?
  ___

- Wer hat besonderes Interesse an der Zielerreichung?
  ___

- Weiß ich genug zum Thema, oder muss ich noch etwas in Erfahrung bringen?
  ___

Wie wichtig es ist, Erwartungen abzuklären, zeigt das folgende Beispiel.

Beispiel:

Eine Kundenbefragung für die Firma Datatech hat deutliche Mängel im Außendienst aufgedeckt. Die Außendienstmitarbeiter werden zu einer ganztägigen Besprechung mit den jeweiligen Regional- und Abteilungsleitern eingeladen. Herr Müller soll als Moderator die Sitzung leiten.

Er stellt folgendes Tagesprogramm auf: Zunächst wird er den Teilnehmern der Sitzung die Ergebnisse der Kundenbefragung klar und übersichtlich präsentieren, dann soll die Gruppe die Ursachen für die Unzufriedenheit der Kunden herausarbeiten und im dritten Schritt für die wichtigsten Schwachstellen Lösungsansätze entwickeln.

Doch es kommt anders. Herr Müller sieht sich einer Gruppe von Außendienstmitarbeitern gegenüber, die an den Ergebnissen der Befragung gar nicht interessiert sind. Der Hintergrund: Datatech wird in sechs Monaten mit der Firma Computech fusionieren. Man erwartet einschneidende Veränderungen im Außendienst, vermutlich werden Stellen abgebaut, Mitarbeiter versetzt und das Unternehmen umstrukturiert. Die Außendienstmitarbeiter fragen sich natürlich, welchen Sinn die Sitzung angesichts einer solchen Situation hat. In spätestens sechs Monaten „ist sowieso alles anders". Herr Müller hat also eine Arbeitssitzung konzipiert, deren Sinn, Zweck und Nutzen unklar ist. Mit einer sorgfältigeren Vorbereitung hätte er diese Hintergründe erkennen können.

Wie wird eine Arbeitssitzung gestaltet?

Die Gestaltung der Sitzung hängt stark von den Antworten ab, die Sie bei der Adressatenanalyse und der Frage nach Anlass, Inhalt und Ziel der Sitzung erhielten. So werden Sie beispielsweise einer Gruppe mit Teilnehmern, denen wichtige Informationen unbekannt sind, Zeit und Gelegenheit verschaffen, sich diese Informationen anzueignen – z.B. indem Sie einen Expertenvortrag mit Frage- und Diskussionsmöglichkeit organisieren.

Mit Hilfe der folgenden Fragen können Sie die Moderation auf die konkrete Situation gezielt abstimmen:

- Welche Spielregeln schlage ich der Gruppe vor – und welche nicht?
- Wie bestimme und erkläre ich meine Rolle als Moderator?
- Wie strukturiere ich die Arbeitssitzung?
- Wie viel Zeit brauchen wir für die Zielerreichung?
- Wie gestalte ich die einzelnen Arbeitsschritte?

Beispiel:

Wenn Sie aus der Adressatenanalyse wissen, dass „Ihre" Gruppe zurzeit sehr unharmonisch ist, könnten Sie gleich zu Beginn relativ klare und bestimmte Spielregeln für den Umgang miteinander einführen, z.B. „Zuhören und ausreden lassen!", „Keine persönlichen Angriffe!".

Organisation und Logistik sorgfältig planen

Die beste Vorbereitung kann zunichte gemacht werden, wenn an die einfachsten Dinge nicht gedacht wurde. Sie werden nur mit Mühe ein konzentriertes Arbeitsklima schaffen können, wenn bei Sitzungsbeginn fehlende Stühle noch langwierig organisiert werden müssen *(Im Speicher oben stehen noch welche. Ich suche mal den Hausmeister, der weiß, wo der Schlüssel ist.)* oder kein Flipchartpapier für die Gruppenarbeit vorhanden ist *(Ich dachte, Sie legen Folien auf. Papier ist aus, aber ich kann gleich jemanden losschicken).*

Folgende Fragen sollten Sie deshalb rechtzeitig beantworten:

Checkliste: Organisation

- Wo soll die Besprechung stattfinden (Ort, Raum)?

- Ist die nötige Ausstattung vorhanden (Bestuhlung, Tische etc.)? Wenn nicht, woher bekommen Sie sie?

- Wann soll die Sitzung stattfinden (Tag, Uhrzeit)?

- Wie lange soll sie maximal dauern?

- Welche Medien (Flipchart, Tafel, Beamer, Pinwände etc.) brauchen Sie?

- Welches und wie viel Material brauchen Sie (Papier, Stifte, Folien etc.)?

- Wie sieht die Verpflegung aus (Hauptmahlzeiten, Pausen, Getränke etc.)?

- Bei Übernachtung: Welche Möglichkeiten bietet die Tagungsstätte nach der Arbeitssitzung?

- Wie muss die Einladung aussehen?

- Wer bereitet was vor?

- Wer ist der Ansprechpartner des Moderators?

Worauf Sie bei der Einladung achten sollten

Wer sollte eingeladen werden?

Laden Sie nur die Personen ein, die wirklich gebraucht werden bzw. für die die Arbeitssitzung von hoher Bedeutung sind. Die Teilnehmerzahl sollte so gering wie möglich gehalten werden. So vermeiden Sie Besprechungstourismus, unwichtige Endlosdebatten und frustrierte Teilnehmer, die permanent darüber nachdenken, warum sie eigentlich eingeladen wurden, und alles mögliche tun, um sich ihre Langeweile zu vertreiben.

Welche Informationen sollte die Einladung enthalten?

Informieren Sie die Teilnehmer über alles, was diese wissen müssen, um sich gut auf die Arbeitssitzung vorbereiten zu können. So vermeiden Sie unnötige Rückfragen und zeitraubende Missverständnisse.

Bitten Sie um eine „formlose" Teilnahmebestätigung, und – falls Auftrag und Anlass das nahe legen bzw. erfordern – um die zusätzliche Nennung von Themen für die Arbeitssitzung. Fassen Sie sich kurz und verschicken Sie die Einladung rechtzeitig.

Eine professionelle Einladung sollte folgende Informationen enthalten:

Checkliste: Einladung

Aufgaben

- Warum findet das Treffen statt?
  Nennen Sie Anlass, Themen, Auftrag sowie Sinn und Nutzen der Arbeitssitzung.

- Wo findet das Treffen statt?
  Außer der genauen Adresse (Ort, Straße, Hausnummer) und der Raumnummer sollten Sie auch einen Lageplan zur Verfügung stellen und die Anreisemöglichkeiten erklären. Vergessen Sie nicht eine Telefon- und Faxnummer anzugeben sowie einen Ansprechpartner für die Teilnehmer.

- Wann findet das Treffen statt?
  Neben dem Datum sollten Sie auch Anfangs- und Endzeit sowie Pausenzeiten angeben.

- Wie sieht der Arbeitsplan aus?
  Geben Sie den Teilnehmern einen Plan an die Hand, der die Arbeitsschritte mit Zielbestimmung und Zeitvorgabe enthält.

- Wer nimmt teil?
  Nennen Sie die Namen aller Teilnehmer, des Moderators sowie evtl. von Referenten, Gästen etc.

- Was ist noch wichtig?
  Informieren Sie die Teilnehmer auch darüber, ob Freizeitkleidung oder Kostüm und Anzug angesagt sind. Falls Aktivitäten außerhalb der Arbeitssitzung geplant sind, sollten Sie dies mitteilen.

Die Moderation durchführen

Das Grundgerüst einer moderierten Arbeitssitzung ist so einfach wie allgemein. Es muss im Einzelfall natürlich mit den konkreten Inhalten bzw. individuell strukturierten Arbeitsschritten ausgefüllt bzw. konkretisiert werden. Hier lernen Sie die drei Phasen kennen, nach denen eine moderierte Arbeitssitzung aufgebaut ist:

- die Einleitung

    Teilnehmer und Moderator machen sich bekannt, die Voraussetzungen für die Arbeit werden geklärt.

- die Arbeitsphase

    Sie ist das Kernstück der Moderation, in der die Ergebnisse erarbeitet werden.

- die Abschlussphase

    Die Ergebnisse werden gesichert und die Zusammenarbeit bewertet.

Wie sich eine Moderation aufbaut

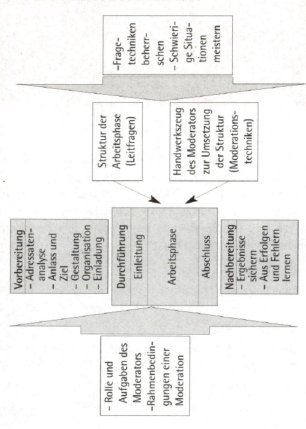

Mit der Einleitung die richtige Atmosphäre schaffen

Begrüßen und bekannt machen

Halten Sie die Begrüßung kurz und sachlich. Denn Sie setzen damit bereits ein Signal für die Arbeitsatmosphäre: Ist die Veranstaltung in erster Linie ein unverbindliches soziales Plauderereignis, oder geht es darum, Ergebnisse zu erzielen? Wenn der Auftraggeber anwesend ist, sollte er einen Teil der Begrüßung übernehmen. Dadurch wird unterstrichen, dass die Sache wichtig ist.

Der Moderator sollte sich, wenn er den Teilnehmern nicht bekannt ist, kurz vorstellen. Es ist wichtig, dass alle wissen, mit wem sie es zu tun haben, und sich alle ein erstes Bild vom Leiter der Arbeitssitzung machen können. Im Idealfall sollten Sie aber schon mit einigen Teilnehmern im Rahmen der Vorbereitungsphase Gespräche geführt haben.

Falls sich die Teilnehmer nicht alle kennen, sollten auch sie sich einander kurz vorstellen. Jeder sollte wissen, wer in welcher Funktion an der Sitzung teilnimmt. Auch hier gilt: Knapp und sachlich ist besser als poetisch und weitschweifig. Ist z.B. zu befürchten, dass die Vorstellungsrunde in einen Wettbewerb „Wer hat die tollste Karriere hinter sich" ausarten könnte, ist es ratsam, kurz vor der Sitzung einen persönlich bekannten Teilnehmer zu bitten, sich als Erster vorzustellen – als „Modell" für die anderen.

Thema und Ziel der Sitzung angeben

Stellen Sie jetzt das Thema und die Ziele der Arbeitssitzung vor. Das ist zur Einstimmung für die Anwesenden wichtig, die in Gedanken oft noch anderswo sind. Klare Ziele, deren Hintergrund und Kontext deutlich sind, sorgen außerdem für ein konsequenteres Arbeiten und beugen Missverständnissen vor.

Eine Erläuterung des Zeit- und Arbeitsplanes hilft den Teilnehmern, sich ein grobes Bild davon zu machen, was auf sie zukommt, welche Bedeutung und Stellung einzelne Arbeitsschritte im Gesamtaufbau haben und welcher Ablauf geplant ist. Dies ist wichtig, um die Frage nach dem Sinn und Zweck der einzelnen Arbeitsschritte klären zu können.

Der Moderator kann auch kurz die von ihm gewählten Methoden vorstellen. Im Rahmen der Einleitung reicht allerdings ein grober Überblick aus. Die Teilnehmer sollten z.B. erfahren, wann und warum Kleingruppenarbeit vorgesehen ist. Nähere Erläuterungen folgen dann am besten zu Beginn des jeweiligen Arbeitsschrittes.

Die Aufgabe des Moderators erläutern

Von entscheidender Bedeutung ist es, die Rolle des Moderators zu klären. Es muss für jeden Teilnehmer unmissverständlich klar sein, welche Aufgaben und Kompetenzen der Moderator hat – und welche nicht. Das verhindert Missverständnisse nach dem Motto: „Aha – jetzt hat sich der Abteilungsleiter einen Kampfhund besorgt!" und Instrumentalisierungsversuche der Art: „So ein netter und offener

Mensch – der hat sicher Verständnis für unsere Probleme mit dem Abteilungsleiter und hilft uns gegen seinen Cäsarenwahn!".

> Es muss für den Auftraggeber und die Gruppe klar sein, dass die Aufgabe des Moderators nur sinnvoll zu erfüllen ist, wenn er neutral ist und sich weder für die Interessen des Auftraggebers noch für die der Gruppe vereinnahmen lässt.

Die Spielregeln festlegen

Der Moderator kann einige Spielregeln für die Zusammenarbeit vorschlagen. Meist reichen zu Beginn eine oder zwei klare Regeln. Zusätzliche Regeln sollten Sie nur bei Bedarf einführen, denn es entsteht sonst allzu leicht der Eindruck der Bevormundung. Unsere Erfahrung: Die erste der folgenden Regeln und ein Hinweis auf den gesunden Menschenverstand reichen normalerweise aus. Hier einige Beispiele:

- Wir kommunizieren klar, offen, knapp!
- Ausreden lassen!
- Zuhören!
- Es gibt weder dumme Fragen noch unwichtige Beiträge.

Mit diesen Spielregeln kann auch störendes Verhalten während der Arbeitssitzung direkt ansprochen und abstellt werden.

Die Funktion anwesender Führungskräfte klären

Zum Schluss der Einleitung sollte unbedingt die Rolle anwesender Führungskräfte geklärt werden. Zum einen stellt sich die Frage nach der Entscheidungslust: Wird die Führungskraft die anstehende Entscheidung selbst treffen, oder delegiert sie die Entscheidung an das Team bzw. an andere Personen? Zum anderen muss die Frage nach der Entscheidungsbefugnis beantwortet werden: Hat die Führungskraft die Kompetenz, die nötigen Entscheidungen hier und heute zu treffen bzw. zu akzeptieren – oder ist sie an Rücksprache mit „höheren Instanzen" gebunden?

Diese Fragen sollten immer eindeutig geklärt sein. Besonders wichtig ist dies, wenn Sie den Eindruck haben, dass die Gruppe Vorbehalte gegen die Sitzung hat und an einen raffinierten Manipulationsversuch glaubt.

In der Arbeitsphase zu Ergebnissen kommen

In der Arbeitsphase wird das eigentliche Problem in Angriff genommen und – in aller Regel – gelöst. Dem Moderator stellen sich in dieser Phase die komplexesten Aufgaben, die im Folgenden kurz beschrieben werden. Wie Sie dabei vorgehen können, erfahren Sie in den Kapiteln „Wie Sie die Arbeitsphase strukturieren" und „Das Handwerkszeug des Moderators". Der Grundinhalt einer jeden Arbeitsphase besteht darin, gemäß dem Zeit- und Arbeitsablauf die Themen zu bearbeiten und die Resultate festzuhalten, z. B. in einem Handlungsplan.

Zeit- und Arbeitsablauf festlegen

Wenn nicht schon im Vorfeld geklärt, werden zuerst mögliche Themen bestimmt und die zu bearbeitenden Themen ausgewählt. Auf dieser Basis wird dann im nächsten Schritt ein Zeit- und Arbeitsplan festgelegt.

Nun beginnt die eigentliche Bearbeitung der Themen. Für jede Teilaufgabe bzw. jeden Arbeitsschritt sollten Sie einen klaren Arbeitsauftrag mit Zeitvorgabe und Methode vorbereitet haben bzw. zusammen mit den Teilnehmern erarbeiten. Es muss klar sein, welche Art von Ergebnissen in welchem Zeitraum erarbeitet werden sollen. Ziel dieses Planes ist es wieder, eine konzentrierte Arbeitsatmosphäre zu gewährleisten. Schließlich können Sie auf den Zeitplan verweisen und leichter eingreifen, wenn die Diskussion abzuschweifen droht oder sich die Teilnehmer in Details verzetteln.

Den Handlungsplan erstellen

Resultat einer Arbeitsphase ist im Normalfall ein Handlungsplan mit klaren Verpflichtungen: Wer macht was mit wem bis wann, wozu, mit welchem Ziel? Der Handlungsplan ist von zentraler Bedeutung; denn sonst ist die Gefahr groß, nur unverbindliche oder missverständliche Absichtserklärungen als „Ergebnis" zu haben, deren Realisierungswahrscheinlichkeit der von guten Vorsätzen in der Silvesternacht entspricht.

Zum Abschluss den Erfolg sichtbar machen

Was haben wir erreicht?

Der Abschluss der Arbeitssitzung beginnt mit einem Rückblick und einer Zusammenfassung. Das vertieft das Verständnis für die Zusammenhänge und macht den Erfolg der gemeinsamen Arbeit anschaulich. Schließlich hilft die Rückschau, sich besser an das Ergebnis und seine Einzelheiten zu erinnern – eine wesentliche Voraussetzung für die Umsetzung der Ergebnisse.

Wie war die Zusammenarbeit?

Wichtig ist auch, die Qualität der Zusammenarbeit auszuwerten: Was hat heute gut geklappt – und was werden wir bei der nächsten Sitzung besser machen? Doch seien Sie vorsichtig: Endlose gruppendynamische, therapeutische oder tiefenpsychologische Betrachtungen führen nicht immer zu brauchbaren Resultaten. Es reicht aus, wenn die Teilnehmer ihren gesunden Menschenverstand auf die wesentlichen Punkte konzentrieren. Sinn und Zweck der Auswertung ist die stetige Verbesserung der Zusammenarbeit.

Was ist festzuhalten?

Auch die Ergebnissicherung muss geklärt und festgelegt werden: Wer schickt welche Art von Ergebnissicherung bzw. Protokoll bis wann an wen?

Sinnvolles Ende einer Arbeitssitzung kann ein Ausblick sein: Wie geht es weiter? Und: Welche Themen und Ziele nimmt man bei der nächsten Arbeitssitzung in Angriff?

Wie strukturiert man die Arbeitsphase?

Eines haben die meisten Arbeitsphasen gemein: Sie werden mit einem konkreten Handlungsplan abgeschlossen. Doch wie gelangt man zu diesem Ziel? Eine der Kernaufgaben des Moderators ist es, die Arbeitsphase klar und ergebnisorientiert durch logisch aufeinander aufbauende Fragen vorzustrukturieren. Hier erfahren Sie

- wie Sie die Arbeitsphase dem jeweiligen Moderationsauftrag entsprechend aufbauen
- welche Möglichkeiten Ihnen für typische Arbeitsphasen zur Verfügung stehen

Intensiv arbeiten in Kleingruppen

Nicht immer ist es nötig oder sinnvoll, dass alle Teilnehmer gleichzeitig an derselben Frage arbeiten. Oft ist es möglich, verschiedene Arbeitsschritte parallel zu durchlaufen. Bei genügend großer Teilnehmerzahl kann man dann zwei oder mehrere Kleingruppen bilden und jeder dieser Kleingruppen eine andere Frage zur Beantwortung geben. Jede Kleingruppe bearbeitet „ihre" Frage, stellt das Ergebnis den anderen Teilnehmern vor und berücksichtigt dann im Rahmen einer Diskussionsphase deren Anregungen und Vorschläge.

> Die Arbeit in Kleingruppen spart Zeit und ermöglicht den Teilnehmern der Arbeitssitzung, sich und ihre Ideen noch intensiver einzubringen. Außerdem unterstreicht Kleingruppenarbeit den Charakter der gemeinsam geleisteten Arbeit an einer Aufgabe. Denn das Endergebnis setzt sich klar aus den Beiträgen verschiedener Kleingruppen und ihrer Teilnehmer zusammen.

Jeder Moderationsauftrag stellt andere Anforderungen

Für den Aufbau einer Arbeitsphase gibt es weder Patentrezepte noch standardisierte Vorgehensweisen. Jeder Moderationsauftrag und jede Ausgangsbasis ist anders; deshalb muss jede Moderation maßgeschneidert werden. Sie können die folgende Checkliste nutzen, um die speziellen Anforderungen Ihres Moderationsauftrags herauszufinden: Sie erstellen dann eine Liste von Leitfragen, die die Struktur Ihrer Arbeitsphase bildet.

Checkliste: Spezifische Anforderungen des Moderationsauftrags

- Wie lauten Aufgabenstellung bzw. Auftrag für die Arbeitsphase?

- Welches Ergebnis muss am Ende der Arbeitsphase vorliegen?

- Was ist die Ausgangsbasis für die Arbeitsphase?

- Welche Fragen muss ich stellen – was muss ich wissen, um von der Ausgangsbasis zum geforderten Ergebnis zu kommen?

- In welcher Reihenfolge muss ich diese Fragen stellen?

- Wo baue ich bewusst eine der folgenden Fragearten ein?

    1 Umkehrfrage
    Beispiel: „Was müssen wir tun, um unsere Kunden zu verärgern?"

    2 Abgrenzungsfrage
    Beispiel: „Was soll eine Lösung nicht leisten?"

3 Vollständigkeitsfrage
Beispiel: „Welche Ursachen kann es noch geben?"

4 Blickwinkelfrage
Beispiel: „Was bedeutet unser Vorschlag für unsere Lieferanten?"

5 Folgenfrage
Beispiel: „Für wen entstehen welche Folgen?"

Wie Sie eine Arbeitsphase aufbauen – ein Fallbeispiel

Ein Team von Softwareentwicklern hat ständig Probleme mit der Projektplanung und Projektabwicklung: Termine werden überschritten, Teilergebnisse passen nicht zusammen, oft sind Kunden verärgert, weil das erstellte Softwareprodukt nicht so ausgefallen ist, wie die Kunden sich das vorgestellt haben usw.

Sie werden gebeten, das Team als Moderator dabei zu unterstützen, die wichtigsten Schwachstellen und deren Ursachen herauszufinden; denn im Team kursieren ganz unterschiedliche Meinungen über den Ursprung der Probleme. Die einen glauben, dass vor allem die Planungsmethode falsch ist, andere sind der Überzeugung, dass die Schwierigkeiten vor allem daher kommen, dass die Kunden nicht wissen, was sie wollen, und eine dritte Gruppe tendiert zu der Theorie, dass das Team viel zu wenige Mitarbeiter hat.

In der Vorbereitungsphase, haben Sie Adressatenanalyse und Auftragsklärung schon durchlaufen. Im nächsten Schritt müssen Sie sich eine Struktur für die Arbeitsphase überlegen. Dabei setzen Sie die in der Checkliste beschriebenen Fragen ein:

1. Wie lauten Aufgabenstellung bzw. Auftrag für die Arbeitsphase?
   Das Team hat mit der Projektplanung und Projektabwicklung Schwierigkeiten. Der Auftrag ist, alle Probleme vollständig zu sammeln, die schwerwiegendsten Probleme zu erkennen und ihre Ursachen aufzudecken.

2. Welches Ergebnis muss am Ende der Arbeitsphase vorliegen?
   Es soll eine Liste der wichtigsten Probleme des Teams erstellt werden. Für jedes Problem soll eine klare Aussage zu den Ursachen getroffen werden. Die drei wichtigsten Probleme werden besonders hervorgehoben.

3. Was ist die Ausgangsbasis für die Arbeitsphase?
   Die Teammitglieder kennen die Probleme aus ihrem Alltag. Sie führen die Probleme allerdings auf verschiedene Ursachen zurück, und sie halten verschiedene Schwierigkeiten für besonders wichtig. Es gibt keine persönlichen Konflikte im Team, die Auseinandersetzungen finden auf rein sachlicher Ebene statt. Die Teammitglieder sind alle hoch motiviert, die Probleme dauerhaft in den Griff zu bekommen.

4 Welche Fragen muss ich stellen?

Sie sammeln nun ungeordnet, aber möglichst vollständig die Fragen, auf die die Gruppe eine Antwort finden muss, um das Ergebnis zu erzielen. Im nächsten Schritt werden die Fragen in eine sinnvolle Reihenfolge gebracht.

5 In welcher Reihenfolge muss ich diese Fragen stellen?

Die Fragen werden nun so geordnet, dass mit den Antworten der jeweils vorhergehenden Fragen weitergearbeitet werden kann. Diese Leitfragen bilden die Struktur Ihrer Arbeitsphase.

1 Welche Probleme gibt es im Umfeld Projektplanung und Projektabwicklung?

2 Welche konkreten Beispiele gibt es für diese Probleme?

3 Wie wirken sich diese Probleme im Alltag aus?

4 Wie lange hat das Team diese Probleme schon?

5 Welche dieser Probleme sind für die Kunden am ärgerlichsten?

6 Welche sind für das Team die bedeutsamsten?

7 Wer ist noch von den Problemen betroffen?

8 Welche Probleme sind insgesamt die schwerwiegendsten?

9 Welche Ursachen gibt es für diese Probleme?

10 Welche Probleme sind die drei wichtigsten – und warum?

6 Wo baue ich bewusst eine bestimmte Frageart ein?

Mit den Leitfragen ist Ihre Arbeitsphase bereits strukturiert. Jetzt können Sie noch einmal gezielt die einzelnen Fragearten durchgehen und sich überlegen, ob es sinnvoll ist, mit einer bestimmten Art von Frage die Ergebnisse zu sichern oder zu vertiefen. Die bereits erstellte Struktur der Arbeitsphase können Sie mit dieser Methode noch einmal prüfen und gegebenenfalls ergänzen.

- Umkehrfrage: Brauche ich nicht.
- Abgrenzungsfrage: Brauche ich nicht.
- Vollständigkeitsfrage: Bereits gestellt (Frage 7).

  Aber auch nach Frage 9 (Welche Ursachen gibt es für diese Probleme?) ist eine Vollständigkeitsfrage äußerst sinnvoll. Denn mit der Frage „Welche Ursachen könnte es noch geben" kann ich uns dazu zwingen, die Ursachenanalyse noch einmal zu überprüfen.

- Blickwinkelfrage: Bereits gestellt (Frage 5).
- Folgenfrage: Bereits gestellt (Frage 3).

7 Das Ergebnis

Sie können Ihr Leitfragensystem jetzt fertig stellen, indem Sie die im letzten Schritt noch gefundenen Fragen in Ihre Leitfragen integrieren. In unserem Fall wird die obige Liste also um eine Frage erweitert und sieht nun so aus:

1. – 9. wie oben

10. Welche Ursachen könnte es noch geben?

11. Welche Probleme sind die drei wichtigsten – und warum?

Typische Arbeitsphasen

Jede moderierte Arbeitssitzung soll zu einem genau definierten Ergebnis führen; dieses Ergebnis ist Bestandteil des Moderationsauftrages. Im Folgenden stellen wir Ihnen typische Moderationsaufträge mit einem möglichen Aufbau der Arbeitsphase vor. Beim Aufbau der Arbeitsphase handelt es sich um Systeme von Leitfragen, die logisch aufeinander aufbauen und die Gruppe Schritt für Schritt durch die Arbeitsphase hin zum anvisierten Ergebnis führen sollen.

Die Leitfragen sollten Sie als Anregung verstehen, wie Sie Arbeitsphasen aufbauen können. Was wir Ihnen nicht anbieten können (und auch nicht wollen) sind Patentrezepte nach dem Motto: „In einer Arbeitssitzung mit dieser Art von Moderationsauftrag muss man so beginnen, so fortfahren und so abschließen." Wie schon betont: Jede Situation ist anders, und ein guter Moderator zeichnet sich gerade dadurch aus, dass er seine Arbeitssitzungen bzw. Arbeitsphasen situationsgerecht und individuell gestaltet.

Natürlich können wir nicht alle Arten von Moderationsaufträgen abdecken. Deshalb haben wir einige typische und Ihnen wahrscheinlich wohl bekannte Moderationsaufträge ausgesucht, um daran anschaulich zu machen, wie man mit Leitfragen Arbeitsphasen strukturieren kann. Die folgenden Arten von Moderationsaufträgen sehen wir uns genauer an:

- Ideen finden, sammeln und gewichten
- Probleme verstehen und analysieren

- Lösungen entwickeln, auswählen und ihre Umsetzung planen
- einen Auftrag klären
- Ziele finden und formulieren
- Feedback und Kritik einholen

> Bedenken Sie bei den nun folgenden Vorschlägen für den Aufbau von Arbeitsphasen, dass vorgefertigte Strukturen in keinem Fall 1:1 übernommen werden können. Jeder Moderationsauftrag fordert einen eigens auf die individuelle Situation zugeschnittenen Aufbau. Vertrauen Sie Ihrem eigenen Urteil.

Ideen finden, sammeln und gewichten

Typische Ausgangssituation

In der Arbeitssitzung soll eine wichtige Frage durchdacht werden. Mögliche Antworten bzw. Alternativen sollen gefunden, strukturiert und gewichtet werden.

Beispiel:

Ein Unternehmen hat sich dazu entschieden, ein einheitliches EDV-gestütztes Projektmanagement einzuführen. Herr Müller hat den Auftrag erhalten, eine Projektgruppe zu bilden und bis Jahresende dem Vorstand einen genauen Projektplan vorzulegen. Herr Müller möchte in einer der ersten Sitzungen mit seiner Projektgruppe herausfinden, woran alles gedacht werden muss – er möchte eine grobe Skizze der „Problemlandschaft" haben. Das folgende Leitfragensystem kann er dazu sehr gut einsetzen.

Möglicher Aufbau der Arbeitsphase

- Wie lautet die Ausgangsfrage, zu der wir uns ein Bild machen sollen?

  In unserem Beispiel würde die Frage lauten: Woran müssen wir denken, um bis Jahresende einen guten Projektplan vorlegen zu können?

- Welche Ideen gibt es dazu?
- Wie können wir diese Ideen einteilen und zusammenfassen?
- Welche dieser Ideen sind für uns am wichtigsten – und warum?

  Dieser Arbeitsschritt liefert die Schwerpunktthemen, die im Projektplan berücksichtigt werden müssen. Die Frage nach dem Warum stellt sicher, dass alle Teilnehmer der Sitzung die Gründe für die Gewichtung verstanden haben und akzeptieren.

- Handlungsplan: Wer macht was mit wem bis wann etc.?

Probleme verstehen und analysieren

Typische Ausgangssituation

Ein Problem ist aufgetreten und soll in einer Arbeitssitzung untersucht werden. Am Ende der Sitzung sollen die Ursachen des Problems und seine (möglichen) Auswirkungen klar erkannt und beschrieben sein.

Möglicher Aufbau der Arbeitsphase

- Welche typischen Vorfälle/Beispiele verdeutlichen das Problem?

- Wie sieht die zeitliche Dimension des Problems aus? Seit wann, wie oft, wie lang?
- Wie können wir das Problem präzisieren? Wie beschreiben wir das Problem kurz, klar und anschaulich?
- Für wen entstehen welche Nachteile/Schäden?
- Wer kann mit dem Problem leben – und wer profitiert vielleicht sogar davon?
- Warum haben wir das Problem, wo liegen die Ursachen?
- Warum liegen diese Ursachen vor?

  Oft ist es sinnvoll, die Frage nach der Ursache der Ursache zu stellen. Das stellt sicher, dass man „tief genug bohrt". So kann z. B. die „erste" Ursache für den häufigen Ausfall einer Maschine sein, dass ein bestimmtes Teil oft und schnell kaputtgeht. Ursache dafür wiederum – also die Ursache der Ursache – kann ein Material-, Herstellungs- oder ein Lagerungsfehler sein.

- Handlungsplan: Was ist zu tun? (Informationen einholen, warnen, unterstützen, eine vorläufige Notlösung umsetzen, Ursache(n) beseitigen.)

Lösungen entwickeln, auswählen und planen

Typische Ausgangssituation

Ein Problem ist beschrieben, erkannt und verstanden. Jetzt werden in einer Arbeitssitzung Lösungen erarbeitet. Eine dieser Lösungen soll ausgewählt und umgesetzt werden.

Möglicher Aufbau der Arbeitsphase

- Wie beschreiben wir das Problem klar, kurz und anschaulich?
- Welche Lösungen wurden von uns schon versucht – und mit welchem Erfolg?
- Wie wird/wurde das Problem woanders gelöst?
- Was genau soll eine Problemlösung leisten (Erfolgskriterien)?
- Welche dieser Anforderungen muss eine Lösung erfüllen – und welche sind „Kann-Anforderungen"?

  Es ist sehr wichtig, diese und die vorherige Frage zu beantworten und so die Kriterien für eine Lösung vorab genau zu bestimmen. Sonst kann es leicht zu Missverständnissen kommen.

Beispiel:

> So könnte es passieren, dass ein Teil einer Gruppe nach einer technisch perfekten Lösung eines Problems im Fertigungsprozess sucht, die für mindestens zehn Jahre Bestand haben soll; ein anderer Teil geht stillschweigend von der Annahme aus, dass sich das Problem im Rahmen der nächsten Umstrukturierung des Fertigungsprozesses von alleine lösen wird und deshalb nur eine Überbrückungslösung für vier Monate nötig ist. Missverständnisse sind vorprogrammiert.

- Welche Rahmenbedingungen (Zeit, Geld, Personaleinsatz etc.) müssen wir beachten?
- Welche Lösungsansätze gibt es?
- Welcher Lösungsansatz erfüllt am besten unsere Erfolgskriterien?
- Handlungsplan: Wer macht was mit wem bis wann etc.?

Den Auftrag klären

Typische Ausgangssituation

Für Projekt X gibt es einen Auftrag, der allerdings noch einige Lücken hat. Es wird z.B. weder ein Termin gesetzt, noch die Höhe des verfügbaren Budgets geklärt. Auch die Formulierung des Auftrags ist an einigen Stellen ungenau, wenn es z.B. heißt „so schnell und so einfach wie möglich". Das Team muss also zunächst den Auftrag präzisieren und eine genaue und vollständige Auftragsformulierung ausarbeiten, die mit dem Auftraggeber abgestimmt wird. Sonst kommt es leicht zu Missverständnissen, z.B. wenn das Team eine Lösung erarbeitet, die das Budget weit überschreitet.

Beispiel:

> Die letzten Kundenbefragungen zeigen klar und deutlich: Das Beschwerdeverfahren unseres Unternehmens wird von praktisch allen Kunden als viel zu zeitaufwendig, umständlich, unbequem und bürokratisch empfunden. Deshalb müssen wir unseren Beschwerdeprozess entscheidend verbessern. Konkreter: Die Aufnahme von Beschwerden und ihre Beantwortung soll für unsere Kunden so schnell und so einfach wie möglich erfolgen.

Die systematische Bearbeitung der folgenden Leitfragen führt das Team Schritt für Schritt zu der gewünschten Präzisierung des Auftrags.

Möglicher Aufbau der Arbeitsphase

- Wie lautet die vorliegende Auftragsformulierung?
- Was ist der Anlass/Hintergrund der Auftragserteilung?
- Wer hat den Auftrag erteilt?

- Was verspricht sich der Auftraggeber von einer Erfüllung des Auftrags?
- Welche Rahmenbedingungen (Zeit, Finanzen etc.) sind zu beachten?
- Warum ist der Auftrag sinnvoll?
- Welcher Nutzen wird für wen von der Auftragserfüllung erwartet?
- Wer ist wie vom Auftrag betroffen?
- Welches Ziel wollen wir erreichen?
- Was soll als Ergebnis nicht eintreten?
- An welchen Daten bzw. Kennzahlen überprüfen wir die Zielerreichung?
- Wie messen wir diese Daten bzw. Kennzahlen?
- Handlungsplan: Wer macht was mit wem bis wann etc.? (Fehlende Informationen einholen, Abgleich der Präzisierung mit Auftraggeber etc.)

Die Ziele finden und formulieren

Bei fast allen Formen der Zusammenarbeit soll ein Ergebnis erreicht werden – und dazu ist es immer nötig, das Ziel klar zu formulieren. Ein Ziel ist eine sehr konkrete und detaillierte Beschreibung, wie die Welt oder ein Teil davon in Zukunft aussehen soll. Ein gutes Ziel sollte folgende Eigenschaften aufweisen: Es sollte messbar, konkret, terminiert, anschaulich, sinnvoll, realistisch und herausfordernd sein. Hier einige Beispiele für klar formulierte Ziele:

Beispiel:

> Ab dem 15.9.2013 dauert die Aufnahmeprozedur für die Patienten unserer Klinik ab Eintreffen am Informationsschalter nicht länger als 10 Minuten; dabei werden die Daten jedes Patienten nur einmal aufgenommen.
>
> Bis zum 15.7.2014 bewerten 97 % aller Stammkunden der Kategorie A unseren Service mit der Bestnote 1 (auf einer Skala mit 6 Stufen).
>
> Ab 1.6.2013 hat jeder Kunde, der sich beschweren möchte, innerhalb von 30 Sekunden einen kompetenten Ansprechpartner am Telefon. Dieser Ansprechpartner wird die Beschwerde entgegennehmen, sie klären, sie hauptverantwortlich auf Basis unserer Grundsätze der Kundenorientierung bearbeiten und dem Kunden innerhalb von 24 Stunden das Ergebnis persönlich mitteilen.

Typische Ausgangssituation

Auf Basis eines klaren Projektauftrages soll ein Zielkatalog (= Ziel mit Teilzielen) entwickelt werden.

Möglicher Aufbau der Arbeitsphase

- Wie lautet das Auftragsziel?
- Veranschaulichung des Ziels: Was soll alles erreicht werden? Dieser Arbeitsschritt fördert das Verständnis des Ziels.
- Was gehört nicht zum Ziel? Wo liegen die Grenzen des Ziels? Um Missverständnisse zu vermeiden ist es ratsam klarzumachen, was das Ziel nicht fordert.
- Wer hat von dem Projekt welchen Nutzen?
- Was passiert, wenn das Ziel nicht erreicht wird?
- Wann können wir das Ziel als erreicht betrachten?
- Anhand welcher Daten bzw. Kennzahlen können wir die Zielerreichung zweifelsfrei nachweisen?

- Welche Maßnahmen müssen wir ergreifen, um das Ziel zu erreichen?
- Was sind die wichtigsten Teil- bzw. Zwischenziele?
- Anhand welcher Daten bzw. Kennzahlen können wir die Zielerreichung für jedes dieser Teilziele zweifelsfrei nachweisen?
- Welche zeitlichen Rahmen wollen wir setzen? Bis wann haben wir jedes Teilziel erreicht?
- Wer ist für das jeweilige Teilziel verantwortlich?

Wie Sie die Zielvereinbarung am besten aufzeichnen, damit das Team damit arbeiten kann, finden Sie im Kapitel „Werkzeugkasten" unter der Überschrift „Ziele/Teilziele".

Feedback einholen und Kritik formulieren

Typische Ausgangssituation

Im Team herrscht allgemeine Unzufriedenheit und Frustration. Erster Schritt zu einer Klärung der Situation ist ein strukturiertes Kritikgespräch, bei dem alle wichtigen Punkte „auf den Tisch kommen" sollen, damit Klarheit geschaffen wird.

Zur Vorbereitung dieses Gesprächs erarbeiten die Beteiligten im Rahmen einer Arbeitssitzung eine präzise Formulierung ihrer Kritik. Die folgenden Leitfragen dienen dazu, die Inhalte der Kritik systematisch zu erarbeiten. Der Moderator führt jede „Feedback-Partei" durch das Fragensystem.

Möglicher Aufbau der Arbeitsphase

- Wer gibt wem Feedback?
- Was sind Anlass und Hintergrund der Kritik?
  - Warum ist uns/mir die Klärung wichtig?
  - Warum ist die Klärung jetzt wichtig?
- Wozu die Kritik?
  - Was möchte(n) wir/ich mit der klaren Kritik erreichen?
  - Was möchte(n) wir/ich vermeiden?
- Was ärgert uns/mich am meisten? Welches sind die drei wichtigsten Themen?
- Welche Vorfälle oder Beispiele gibt es zur Konkretisierung und Veranschaulichung der Schwierigkeiten?
- Warum ist der Ärger für uns/mich nicht tolerierbar?
- Was ärgert uns/mich noch? Weitere Themenfelder mit Beispielen.
- Blick nach vorne: Wie könnte es nach der Aussprache weitergehen?

> Für uns alle ist es mühsam, Kritik zu präzisieren und zu gewichten. Aber nur auf Basis von professionell erarbeitetem und formuliertem Feedback lassen sich konkrete und realistische Maßnahmen zur Verbesserung einleiten.

Konfliktlösung in einer moderierten Sitzung – ein Fallbeispiel

Mit dem folgenden Fallbeispiel führen wir Ihnen eine Moderation anhand von Leitfragen vor. Im Moderationsauftrag geht es darum, Kritik zu formulieren und eine Krise zu bewältigen.

Im Team klappt die Zusammenarbeit nicht mehr. Das Verhältnis zwischen Teamleiter Obermaier und den Teammitgliedern ist sehr gespannt. Ständig brechen, häufig aus nichtigem Anlass, Konflikte aus, die sich sehr negativ auf die Zusammenarbeit auswirken. Teamleiter Obermaier und seine Mitarbeiter leiden unter der Situation. Sie beauftragen Herrn Winter, sie als Moderator bei der Bewältigung der Krise zu unterstützen.

Herr Winter erkennt, dass es im ersten Schritt nötig ist, genau zu klären, worum es geht. Er setzt die oben vorgestellten Leitfragen ein, um Herrn Obermaier und das Team dabei zu unterstützen, ihre Kritik zu konkretisieren.

Das Ergebnis für das Team sieht so aus:

- Wer gibt wem Feedback?
  Das Team äußert Kritik am Verhalten von Herrn Obermaier. Die genannten Punkte werden von jedem Teammitglied gebilligt.

- Was sind Anlass und Hintergrund der Kritik?
  Dem Team gefällt die Arbeitsatmosphäre der letzten sechs Monate nicht. Alle sind unzufrieden mit der gespannten Atmosphäre, den ständigen Reibereien und den Problemen, die daraus für die Kunden entstehen. Konkreter Anlass, die Kritik im Moderationsgespräch zu klären, ist die

Gefahr, dass einige Teammitglieder ernsthaft daran denken, sich versetzen zu lassen.

- Warum ist die Klärung wichtig?
  Das Team will wieder entspannt und sachorientiert mit Herrn Obermaier zusammenarbeiten. Außerdem möchten die Teammitglieder auch weiterhin in der bewährten Besetzung zusammenarbeiten.
- Warum ist die Klärung jetzt wichtig?
  Die Fronten verhärten immer schneller und die Teammitglieder haben Angst, dass bald überhaupt kein Dialog mehr möglich ist.
- Wozu die Kritik?
  Das Team will erreichen, dass Herr Obermaier die Sicht des Teams versteht und nachvollziehen kann. Das Team will erreichen, sich mit Herrn Obermaier auf einige konkrete Maßnahmen zu einigen, um die Situation spürbar und schnell zu verbessern.
- Was ärgert uns am meisten? Welches sind die drei wichtigsten Themen?
  Am meisten ärgert die Teammitglieder Herrn Obermaiers Art, Kritik zu üben, sein Führungsstil, sein Umgang mit Informationen, die Undurchsichtigkeit der Leistungsbewertung im Team, seine unkommunikative Art.

  Am wichtigsten sind:

  1. Der Umgang mit Informationen
  2. Das Üben von Kritik
  3. Der Führungsstil

- Welche Vorfälle oder Beispiele gibt es zur Konkretisierung und Veranschaulichung der Schwierigkeiten?
  zu 1. Umgang mit Informationen: Letzte Woche hat Herr Obermaier zwei für das Team sehr wichtige Rundschreiben nicht weitergegeben: das Rundschreiben zur Mitarbeiterbefragung und das Rundschreiben zur Parkplatzregelung ... etc.

- Warum ist der Ärger für uns nicht tolerierbar?
  zu 1. Umgang mit Informationen: Ohne klare Informationen machen wir vermeidbare Fehler, geraten wegen Missverständnissen in Streit usw.

  ... etc.

- Blick nach vorne: Wie könnte es nach der Aussprache weitergehen?
  Wir sind gerne bereit, zusammen mit Herrn Obermaier einen konkreten Themen- und Maßnahmenplan zu erarbeiten und umzusetzen. Dabei wäre es für uns wichtig, so vorzugehen, dass wir schnelle und spürbare Ergebnisse erzielen.

Das Handwerkszeug des Moderators

In den vorhergehenden Kapiteln haben wir erklärt, wie Sie eine Moderation professionell vorbereiten und woran Sie bei der Einleitung der Sitzung, deren Arbeitsphase und ihrem Abschluss denken sollten. Im letzten Kapitel haben wir uns darauf konzentriert, wie Sie die Arbeitsphase mit Hilfe konkreter Fragen strukturieren und in einzelne Arbeitsschritte unterteilen können. Die Strukturierung allein reicht aber nicht aus. Sie haben als Moderator noch weitere komplexe Aufgaben zu erfüllen. Lesen Sie hier

- welche Methoden und Arbeitstechniken Ihnen als Moderator zur Verfügung stehen, um eine Gruppe dabei zu unterstützen, die einzelnen Leitfragen zu beantworten
- wie Sie mit Konfliktsituationen umgehen, die während der Arbeitssitzung entstehen

Moderationstechniken

In diesem Kapitel stellen wir Ihnen vor allem solche Methoden und Arbeitstechniken vor, die universal einsetzbar sind und für viele Situationen bzw. viele Schritte einzelner Arbeitsphasen passen. Sie können relativ einfach und unkompliziert angewandt werden und verleihen gerade dem weniger geübten Moderator die nötige Sicherheit für seine Moderationsaufgaben. Hier die wichtigsten Methoden im Überblick:

- Ideensammlung/Brainstorming
- Kartenabfrage
- Zielscheibe
- Mind Map/Netzbild
- Problem-Analyse-Schema
- Ursache-Wirkungs-Diagramm
- Mehrpunktabfrage
- Zweidimensionales Matrixdiagramm
- Sterndiagramm
- Momentaufnahme/Blitzlicht
- Handlungsplan
- Ziele/Teilziele

Ideensammlung/Brainstorming

Das Brainstorming wird eingesetzt, um möglichst schnell möglichst viele Ideen zu finden. Sie können es beispielsweise gut in einer Arbeitsphase „Ideen finden, sammeln und gewichten" einsetzen. Ein Bankteam sucht z. B. nach neuen Wegen, seine Produkte zu vermarkten, oder ein Existenzgründer sucht mit seiner Mannschaft nach einem Namen für sein Unternehmen, eine Arbeitsgruppe sammelt erste Vorschläge zur Verbesserung der Zusammenarbeit zwischen zwei Abteilungen – all dies sind mögliche Situationen, in denen Brainstorming hilfreich sein kann.

Das Brainstorming trägt oft dazu bei, die Kreativität einer Gruppe zu fördern und alle Teilnehmer in die Arbeit der Gruppe zu integrieren.

> Die Brainstorming-Gruppe sollte nicht zu groß sein. Optimal sind sechs bis acht Personen. Bei größeren Gruppen kann es sinnvoll sein, sie zu teilen.

Wie wird das Brainstorming durchgeführt?

1 Der Moderator schreibt eine Frage an Tafel oder Flipchart und bittet die Teilnehmer, ihm ihre Ideen (ohne Wortmeldung) zuzurufen.

2 Jede vorgebrachte Idee wird (als Stichwort) notiert.

3 Nach der Ideensammlung und einer kurzen Pause prüft man die Ideen auf ihre Nützlichkeit und Verwendbarkeit.

Beachten Sie dabei die folgenden Regeln:

- Keine Idee wird während der Ideensammlung kritisiert oder bewertet.
- Jede Idee ist willkommen, gerade auch „verrückte" Ideen.

- Jeder darf die Ideen anderer aufgreifen und weiterführen.
- Es kommt bei der Sammlung nicht auf die Qualität der Ideen an, sondern auf die Quantität.

Stärken

Diese Methode liefert schnell eine Fülle von Ideen – oft auch „seltsame" oder unorthodoxe, die zu einem ganz neuen Problemlösungsansatz führen können. Sie ist sehr dynamisch und erlaubt es den Teilnehmern, sich gegenseitig anzuregen.

Schwächen

Vielen Teilnehmern fällt es schwer, sich an die Regeln zu halten und auf eine Diskussion bzw. Bewertung der Ideen bis nach dem Abschluss der Ideensammlung zu verzichten.

Tipps

- Um eine „steife" Gruppe aufzulockern, ist es ratsam, vor dem eigentlichen Brainstorming eine Aufwärm- bzw. Proberunde mit einer „Scherzfrage" einzubauen.
  Beispiel: „Eva präsentiert Adam den Apfel: Was sagt sie?"
- Oft liefert die Auseinandersetzung mit der „Umdrehversion" einer Frage gute Ideen bzw. Einsichten.
  Beispiel: „Was müssen wir tun, um mindestens 20 % unserer Stammkunden innerhalb von drei Monaten loszuwerden?"

Wie kann man nach einem Brainstorming fortfahren?

Nach einem Brainstorming ist es meistens notwendig, die gesammelten Ideen oder Aspekte zu bewerten und auszuwählen. Hier ein paar Empfehlungen:

- Überlegen Sie zusammen mit der Gruppe, ob es wichtige Auswahlkriterien gibt und wenn ja, welche diese sind. Ein solches Kriterium könnte beispielsweise die schnelle Realisierbarkeit sein.
- Gehen Sie die Liste Ihrer Ideen durch und schaffen Sie -mit dem Auswahlkriterium im Hinterkopf – eine grobe Ordnung z.B. nach den Kategorien
  A Idee weiterverfolgen bzw.
  B Idee verwerfen.

  Manchmal muss man noch eine Zwischenkategorie für Ideen bilden, die man nicht unmittelbar einschätzen kann.
- Für jede Idee aus Ihrer A-Liste können Sie nun gemeinsam überlegen, wie gut sie die Kriterien erfüllt, was für sie spricht, was gegen sie spricht. Sie führen also eine Bewertung durch.
- Im letzten Schritt treffen Sie dann eine Auswahl aus Ihrer A-Liste. Sie könnten dabei versuchen durch Konsens eine Entscheidung herbeizuführen, oder Sie benutzen ein Abstimmungsverfahren z.B. eine Mehrpunktabfrage, wie sie weiter unten beschrieben ist.

Kartenabfrage

Die Kartenabfrage dient dazu, Themen, Ideen, Problempunkte oder Lösungsansätze zu sammeln und zu ordnen. Diese Methode empfiehlt sich in Situationen, in denen sensible oder kritische Themen behandelt werden. Sie kann beispielsweise dann eingesetzt werden, wenn man nach Ursachen für eine unbefriedigende Zusammenarbeit oder nach Lösungsansätzen für Konflikte sucht. Die Kartenabfrage ist auch dann besonders nützlich, wenn in der Gruppe wenig Offenheit herrscht und die Teilnehmer sehr zurückhaltend sind.

Wie wird die Kartenabfrage durchgeführt?

1 Schreiben Sie die Frage, die an die Gruppe gestellt werden soll, auf Flipchart, Tafel oder Pinwand.

2 Jeder Teilnehmer schreibt nun seine Antwort auf eine Kommunikationskarte. Die Anzahl der Kommunikationskarten, die jeder Teilnehmer benutzen darf, kann aus Gründen der Übersichtlichkeit beschränkt werden.

3 Bitten Sie die Teilnehmer, die Karten klar, deutlich und gut lesbar zu beschriften. Auf jeder Karte soll nur ein Gedanke stehen.

4 Die Karten werden vom Moderator eingesammelt und gemischt.

5 Lesen Sie jede Karte laut vor und heften Sie sie dann an eine Pinwand. Stellen Sie sicher, dass über den Inhalt der Karte Konsens besteht und dass klar ist, wie sie zu verstehen ist.

6 Bei den folgenden Karten sollte die Gruppe entscheiden, ob die Antwort eine Sinneinheit mit bereits angehefteten Karten bildet. Wenn ja, dann wird sie darunter angebracht, wenn nein, wird eine neue Sinneinheit (= neue Kartengruppe) gebildet. Nach diesem Muster werden alle Karten besprochen.

7 Die Gruppe überprüft, ob sie mit den Sinneinheiten bzw. Zuordnungen der Karten einverstanden ist und sucht geeignete Überschriften für die Sinneinheiten.

Stärken

Jeder Teilnehmer der Arbeitssitzung wird einbezogen. Jede Nennung wird schriftlich festgehalten und hat den gleichen Stellenwert. Die Nennungen können übersichtlich gruppiert, geordnet und gewichtet werden. Durch die schriftliche Form der Abfrage kann im Idealfall Anonymität gewahrt werden. Die Kartenabfrage liefert ein verlässliches Bild über den Stand der Dinge bei der Ausgangsfrage.

Schwächen

Eine Kartenabfrage kostet Zeit. Sie ist relativ undynamisch. Der direkte Austausch zwischen den Teilnehmern wird eher blockiert. Die Anonymität wird leicht verletzt – erfahrungsgemäß sind viele Karten erläuterungsbedürftig.

Tipps

- Zeigen Sie vor der Kartenabfrage eine „vorbildlich" beschriftete Kommunikationskarte, um überbordenden Schreibeifer möglichst auszuschließen.

- Bei der Gruppierung der Karten sollten Sie genügend Raum für die späteren Überschriften lassen.

Zielscheibe

Auch die Zielscheibe dient dazu, Themen, Ideen, Probleme oder Lösungsansätze zu sammeln, zu gruppieren und zu gewichten. Die Zielscheibe eignet sich gut für Situationen, in denen hoher Mitteilungsbedarf herrscht und die Gruppe gleich loslegen möchte.

Wie wird die Zielscheibe durchgeführt?

1. Der Moderator schreibt auf Flipchart, Tafel oder Pinwand die Frage, die die Gruppe bearbeiten will.

2. Bereiten Sie auf der Flipchart, Tafel bzw. Pinwand eine stilisierte Zielscheibe vor.

3. Jeder Teilnehmer erhält nun selbstklebende Zettel (z. B. Postit) und einen gut lesbaren Stift und schreibt seine Antwort auf. Sie können die Anzahl der Zettel, die jeder Teilnehmer benutzen darf, aus Gründen der Übersichtlichkeit beschränken.

4. Bitten Sie die Teilnehmer darum, klar zu formulieren und deutlich zu schreiben. Auf jedem Zettel soll nur ein Gedanke stehen.

5. Die Zettel werden nun von den Teilnehmern selbst in die Zielscheibe geklebt. Dabei sollen sie Sinneinheiten bilden. Je wichtiger eine Sinneinheit ist, desto näher wird sie am Zentrum der Zielscheibe platziert.

6 Das Verfahren ist zu Ende, wenn die Gruppe mit der Gewichtung zufrieden ist und die Sinneinheiten für vollständig hält.

7 In einem letzten Schritt überprüft die Gruppe das Arbeitsergebnis. Fragen Sie, ob die Teilnehmer damit zufrieden sind und ob sie mit den Sinneinheiten bzw. Zuordnungen der Karten einverstanden sind. Die Gruppe sucht nun geeignete Überschriften für die Sinneinheiten.

Zielscheibe

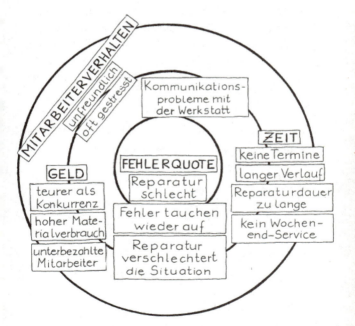

Stärken

Jeder Teilnehmer hat die Möglichkeit, seine Ideen einzubringen. Jede Nennung hat den gleichen Stellenwert. Die Nennungen werden gruppiert und gewichtet. Das Vorgehen ist sehr dynamisch und fördert den direkten Austausch zwischen den Teilnehmern.

Schwächen

In einer sehr zurückhaltenden bzw. gespaltenen Gruppe können einzelne Teilnehmer „überfahren" werden. In solchen Gruppen könnte es eine Schwäche sein, dass die Anonymität nicht gewahrt ist. Oft ist Anonymität in der Gruppenarbeit kein Vorteil. Die Anwendung der Zielscheiben-Methode ist aus Gründen der Übersichtlichkeit und des Austausches der Teilnehmer auf Gruppen von maximal sechs Personen begrenzt.

Tipp

Zum Einstieg sollten Sie die Methode an einem Beispiel „vormachen".

Mind Map®/Netzbild

Die Mind-Map®- oder Netzbildmethode eignet sich zur Sammlung von Ideen, zur Strukturierung und Vertiefung eines Themas, zum Aufzeigen von Zusammenhängen und Beziehungen. Das Netzbild liefert schnell einen guten, verlässlichen und vollständigen Überblick über verzweigte Themen. Im Unterschied zum Brainstorming werden die Ideen bei der Netzbild-Methode von Anfang an strukturiert. Die Methode ist sehr gut geeignet, um sich z.B. am Beginn eines Projekts einen ersten Überblick darüber zu verschaffen, woran man bei dem Vorhaben alles denken muss.

Wie wird die Methode durchgeführt?

1. In der Mitte eines großen Plakats ist ein Kreis, in dem das Thema bzw. die Ausgangsfrage steht.

2. Per Zuruf ergänzt die Gruppe das Schema. Der Moderator schreibt die Nennungen auf das Plakat. Wichtig ist, dass zuerst einige Hauptpunkte gesucht werden. Das Bild entwickelt sich von innen nach außen. Jedem Hauptpunkt entspricht ein Ast, der von der Mitte ausgeht.

3. Sind die ersten Hauptpunkte gefunden, werden für jeden von ihnen die wichtigsten Teilaspekte bzw. Teilfragen gesammelt. Sie werden als Nebenäste an den Hauptast angefügt. Im weiteren Verlauf können an verschiedenen Stellen weitere Haupt- oder Nebenäste angefügt werden.

Netzbild

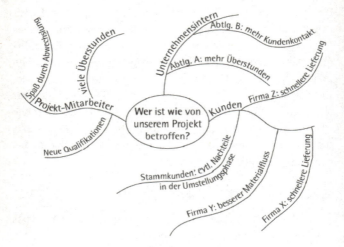

Stärken

Die Netzbildmethode führt zu einer sehr übersichtlichen und anschaulichen Gliederung. Das Denken in Zusammenhängen wird zwanglos gefördert. Man kann dem Fluss der Gedanken folgen, ohne eine klare Strukturierung zu gefährden – Haupt- und Nebenäste lassen sich beliebig anfügen.

Schwächen

Bei vielen Nennungen, sehr komplexen und sehr stark vernetzten Themen kann die Darstellung schnell unübersichtlich werden.

Tipp

Das Netzbild lässt sich mit Hilfe verschiedener Farben für Haupt- und Nebenäste noch übersichtlicher gestalten.

Das Problem-Analyse-Schema

Das Problem-Analyse-Schema ist eine Methode, um ein Thema intensiv zu bearbeiten. Es dient dazu, ein Problem genauer zu durchleuchten, mögliche Ursachen zu erkennen, Lösungsansätze aufzuzeigen und denkbare Hindernisse zu erfassen. Das Schema ist im Grunde universell einsetzbar.

Beispiele

Ein Team versucht zu ergründen, warum immer mehr Kunden unzufrieden sind und sucht nach Lösungsmöglichkeiten für die Situation.

Eine Arbeitsgruppe analysiert, warum zwischen zwei Abteilungen eine sehr konfliktgeladene Atmosphäre herrscht und entwickelt Verbesserungsmöglichkeiten.

Die Methode ist gut für Situationen geeignet, in denen zwar bekannt ist, dass ein Problem existiert, aber man noch keine Klarheit darüber hat, wie sich diese Probleme im Detail äußern. Die Methode ist daher sehr nützlich, um ein echtes Problemverständnis zu erlangen.

Wie wird die Methode durchgeführt?

1. Der Moderator stellt der Gruppe die Problemstellung vor und zeichnet ein vierspaltiges Schema an Tafel oder Flipchart. Über jeder Spalte steht eine Frage zum Thema:
   - Wie äußert sich das Problem?
   - Welche Ursache steckt dahinter?
   - Was tun wir?
   - Welche Hindernisse könnte es geben?
2. Per Zuruf beantworten die Teilnehmer die Fragen aus dem Schema, die der Moderator dann in die entsprechende Spalte einträgt.
3. Um das Schema übersichtlich zu halten, werden die Fragen immer von links nach rechts, also systematisch Spalte für Spalte beantwortet.
4. Der Vorgang wird so lange wiederholt, bis alle Antworten auf die Frage der ersten Spalte gegeben sind.

Problem-Analyse-Schema:

Problem: Abteilungsbesprechungen

Wie äußert sich das Problem?	Welche Ursache steckt dahinter?	Was tun wir?	Welche Hindernisse könnte es geben?
Häufige Verzettelung	Keine Tagesordnung	Themenliste als Tagesordnungspunkte; Aushang am Infobrett	Zeitknappheit
Abwesenheit wichtiger Personen	Mangelnde Information; Schlechte Selbstdisziplin;	Präzise Einladung rechtzeitig am Infobrett;	
	Angst vor Zeitverschwendung	Zeitplan: wann muss wer anwesend sein?	Sind Besprechungen so genau planbar?
		Persönliche Ansprache zum Ende der vorhergehenden Besprechung	Dynamische Tagesordnung

Stärken

Die Methode bringt viele Informationen. Sie bringt schnell eine relativ präzise Struktur in eine Problemsituation und liefert brauchbare Lösungsmöglichkeiten. Deshalb ist diese Methode gut zur Planung von Sofortmaßnahmen geeignet.

Zum Beispiel könnte das Team, das sich um die konfliktträchtigen Beziehungen zwischen zwei Abteilungen kümmert, das Problem-Analyse-Schema nutzen, um einen ersten Handlungsplan zu entwerfen, durch den der Konflikt entschärft werden soll.

Schwächen

Das Schema ist nicht ganz leicht zu bedienen, da man mit vier Spalten arbeitet und auf eine genaue Zuordnung der einzelnen Einträge achten muss.

Tipp

Auch diese Methode sollte der Moderator an einem Beispiel „vormachen" – das ist die beste Erklärung.

Das Ursache-Wirkungs-Diagramm

Diese Methode dient zur systematischen Suche und Erfassung der Ursachen eines Problems. Das Problem ist identifiziert, und es geht jetzt darum, die möglichen Ursachen aufzudecken. Das Diagramm ist besonders für solche Situationen geeignet, in denen es um messbare Probleme geht. Ein Beispiel wäre ein Team in einer Klinik, das herausfinden möchte, warum die Wartezeit in der Röntgenabteilung zu lang ist, oder ein Team in einer Produktionsabteilung will analysieren, warum Fehlerquote und Ausschussrate so hoch sind.

Wie wird die Methode durchgeführt?

1 Der Moderator stellt der Gruppe die Grobstruktur des Ursache-Wirkungs-Diagramms vor. Es handelt sich um ein Flussdiagramm nach dem Fischgrätmuster. An der Pfeilspitze ganz rechts wird das Problem notiert. Fünf Äste werden mit den jeweiligen Ursachenkategorien versehen. „Klassische" Ursachenkategorien sind z.B. Mensch, Maschine, Methode, Material.

2 Auf Zuruf werden die Problemursachen in das Schema eingetragen.

3 Zum Abschluss kann eine Gewichtung der Ursachen vorgenommen werden.

Ursache-Wirkungs-Diagramm

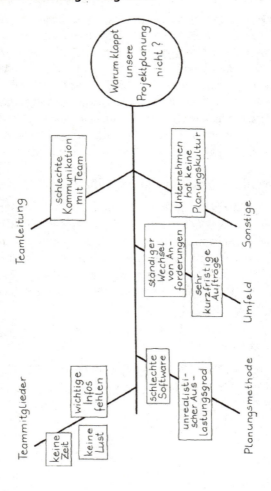

Stärken

Die Struktur des Schemas fördert die systematische und vollständige Analyse eines Problems. Die Suche nach Ursachen wird sehr anschaulich und übersichtlich gestaltet.

Schwächen

Wenn man nach Lösungen sucht, muss jede eingetragene Nennung noch einmal gesondert betrachtet werden. Das ist ein sehr zeitintensives Vorgehen.

Tipp

Bei schwierigen und komplexen Problemen empfiehlt es sich, für jeden Ast eine Kleingruppe zu bilden, die nach den Ursachen der jeweiligen Kategorie sucht. Jede Kleingruppe stellt ihr Ergebnis dann den anderen Teilnehmern vor. Dadurch wird Zeit gespart und gründlicher gearbeitet.

Die Mehrpunktabfrage

Die Mehrpunktabfrage ist eine Abstimmungs- bzw. Auswahlmethode. Sie können sie immer dann einsetzen, wenn aus einer Menge von Alternativen zügig eine Auswahl getroffen und Prioritäten gesetzt werden sollen. Auch Entscheidungen können mit dieser Methode effizient herbeigeführt werden. Sie können diese Methode z.B. nach einem Brainstorming nutzen, wenn es darum geht, die Ideen auszuwählen, mit denen weitergearbeitet werden soll.

Wie wird die Methode durchgeführt?

1. Der Moderator bittet die Teilnehmer, durch „Punktvergabe" eine Auswahl aus einer Reihe von Alternativen zu treffen. Die Alternativen sind an Flipchart oder Pinwand visualisiert.
2. Faustregel: Die Anzahl der Punkte, die jeder Teilnehmer erhält, entspricht der Anzahl der Alternativen geteilt durch zwei. Gegebenenfalls wird abgerundet.
3. Jeder Teilnehmer geht nun zur Pinwand und klebt seine Punkte an. Dabei darf er für ein Thema maximal zwei Punkte vergeben.

- Die Auswertung wird durch Zählen der Punkte vorgenommen.

Mehrpunktabfrage

An welchen Themen arbeiten wir heute?

Thema	
Unpünktlichkeit der Mitarbeiter bei Besprechungen	•••
Ressourcenmangel	••
Kommunikation im Team	•••••
Methoden der Projektplanung	•••••
Verhältnis zu Team B	•••

Stärken

Diese Methode liefert immer eine schnelle Entscheidung. Das Verfahren ist einfach und relativ fair. Die Stimmen der Teilnehmer haben das gleiche Gewicht.

Schwächen

Diese Methode führt nicht automatisch zu einer Entscheidung, die von allen getragen wird. Dadurch handelt man sich das Risiko ein, dass in der Abstimmung unterlegene Teilnehmer weder überzeugt sind noch die Entscheidung mit umsetzen werden.

Tipps

- Vor der Arbeit am Thema muss der Moderator die Punktmethode als Entscheidungsmechanismus vorstellen, erklären und die Zustimmung der Teilnehmer zu diesem Vorgehen einholen. Dadurch wird die Vereinbarungstreue der in der Abstimmung „unterlegenen" Teilnehmer erhöht.
- Die Methode kann so durchgeführt werden, dass für jeden Teilnehmer die Anonymität gewahrt bleibt: Die Pinwand wird umgedreht, jeder Teilnehmer klebt einzeln seine Punkte an. Damit die Anonymität des ersten Teilnehmers gewahrt bleibt, klebt der Moderator als Erster seine Punkte an. Diese muss er natürlich nach Abgabe aller Punkte wieder entfernen.
- Die Mehrpunktabfrage eignet sich sehr gut zur Gewinnung eines ersten Meinungsbildes, das dann als Ausgangsbasis für die weitere Diskussion dienen kann.

Zweidimensionales Matrixdiagramm

Diese Methode liefert eine anschauliche Darstellung von Problemen oder Situationen, die von zwei Einflussfaktoren bzw. Aspekten bestimmt werden. Sie ist gut für Vergleiche oder Priorisierungen geeignet.

Das zweidimensionale Matrixdiagramm ist für strategische Überlegungen sehr gut geeignet. In einem ZukunftsWorkshop zum Beispiel beschäftigt sich ein Team mit den externen Entwicklungen, die sich auf das eigene Unternehmen auswirken können. Mit Hilfe des Schemas werden die Entwicklungen hinsichtlich der Wahrscheinlichkeit ihres Eintretens (x-Achse) und ihrer Wichtigkeit für das Unternehmen (y-Achse) geordnet.

Wie wird das Schema verwendet?

1 Legen Sie die zwei Aspekte der Fragestellung bzw. des Problems fest, das untersucht werden soll.

2 Für jeden Aspekt werden dann die beiden wichtigsten Merkmale festgelegt, die berücksichtigt werden sollen. Sie bestimmen die beiden Achsen des Diagramms.

3 Dann werden die Einträge in das Matrixdiagramm vorgenommen.

Zweidimensionales Matrixdiagramm

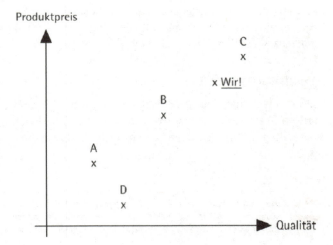

Stärken

Die anschauliche und übersichtliche Darstellung fördert die Einsicht in Zusammenhänge und in das Gesamtproblem.

Schwächen

Bei falscher Auswahl oder Gewichtung der Aspekte und Merkmale kann es leicht zu einer Ergebnisverzerrung kommen. Außerdem neigen viele Menschen aufgrund der Anschaulichkeit zu einer Überschätzung des Grades an Genauigkeit bzw. Verlässlichkeit des Ergebnisses.

Tipp

Mit Hilfe dieser Methode lassen sich Aufgaben oder Vorhaben in Hinsicht auf Wichtigkeit (Bedeutungsdimension) und Dringlichkeit (zeitliche Dimension) gut priorisieren.

Sterndiagramm

Ein Sterndiagramm dient dazu, einen qualitativen oder quantitativen Vergleich zwischen Ist- und Sollzustand zu liefern. Sie erhalten dadurch eine sehr anschauliche StatusEinschätzung.

Beispiel:

Das Leitungsteam einer PR-Agentur hat vier Handlungsfelder bestimmt, in denen die Agentur in den nächsten drei Jahren stärker aktiv werden möchte: Qualität für den Kunden, Einbeziehung der Mitarbeiter, eigenes Image, Kostentransparenz. Das Sterndiagramm dient dem Team als Instrument, um den Ist-Zustand in den vier Feldern zu veranschaulichen und geeignete mittelfristige Ziele zu setzen.

Wie wird das Schema verwendet?

1 Legen Sie die Aspekte für den Vergleich zwischen Ist und Soll fest.

2 Bestimmen bzw. charakterisieren Sie für jeden dieser Aspekte den Soll-Zustand (100 %).

3 Übertragen Sie diese Liste in einen Stern nach dem Muster der Beispielskizze.

4 Für jeden Ast des Sterns wird nun der Punkt bestimmt, der den Ist-Zustand repräsentiert.

Sterndiagramm

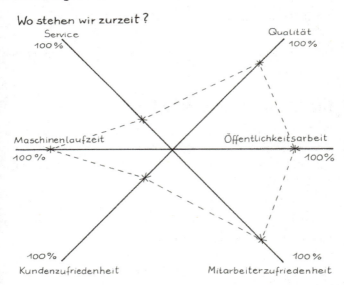

Stärken

Das Sterndiagramm liefert relativ schnell anschauliche, übersichtliche und leicht verständliche Ergebnisse.

Schwächen

Auch hier führt die Anschaulichkeit des Diagramms leicht zu einer Überbewertung der Verlässlichkeit der ermittelten Ergebnisse.

Tipps

- Die Ist-Analyse kann man mit Hilfe von Leitfragen und auf Basis verlässlicher Daten beliebig präzisieren.
- Die Arbeit an einzelnen Ästen kann gut an Kleingruppen delegiert werden.

Die Momentaufnahme/Blitzlicht

Die Momentaufnahme kann grundsätzlich zu jedem Zeitpunkt der Moderation eingesetzt werden. Sie dient dazu, einen schnellen und repräsentativen Überblick zu einer wichtigen Frage zu erhalten.

Die Methode können Sie nutzen, um standardmäßig Zwischenbilanz zu ziehen, etwa nach dem ersten Teil eines Workshops oder einer Besprechung. Sie kann aber auch in Situationen genutzt werden, in denen Sie es für wichtig halten, dass sich jeder Teilnehmer der Gruppe zu einer bestimmten Frage äußert.

Wie wird eine Momentaufnahme durchgeführt?

1 Der Moderator erklärt, dass er eine Momentaufnahme machen möchte, um Standpunkte, Wünsche oder Empfindungen deutlich zu machen. Er erläutert, wie eine Momentaufnahme durchgeführt wird.

Dabei gelten folgende Regeln:

- Jeder äußert so viel er mag – allerdings sollte kein Beitrag länger als 45 Sekunden dauern.

- Die Äußerungen werden nicht kommentiert oder diskutiert. Erlaubt sind nur Verständnisfragen.
- Die Teilnehmer verständigen sich über die Reihenfolge, oder der Moderator bittet um Stellungnahme reihum.

2 Der Moderator stellt eine gezielte Frage.

   Beispiel: Wie zufrieden ist der Einzelne im Moment mit dem Stand der Diskussion?

3 Jeder Teilnehmer äußert im Rahmen der Regeln seine Meinung.

Stärken

Man erhält sehr schnell und unkompliziert ein Meinungsbild. Jede Stimme hat dabei das gleiche Gewicht.

Schwächen

Die Momentaufnahme sollte sehr sparsam eingesetzt werden. Sie birgt die Gefahr, „Betroffenheitsdiskussionen" zu ermutigen – auch wenn diese fehl am Platze sind. „Meinungsführer" können mit ihrer Stellungnahme ein Signal setzen und das Bild verzerren.

Tipps

- Eine sehr zügige Version verzichtet auf verbale Rückmeldungen. Beschränken Sie die Antwortmöglichkeiten der Teilnehmer auf drei körpersprachliche Zeichen: Daumen nach oben, nach unten oder seitlich.

- Falls das Ergebnis der Momentaufnahme Diskussionsbedarf signalisiert, muss der Moderator die Arbeitsphase an dieser Stelle unterbrechen und dafür sorgen, dass das Ergebnis bearbeitet wird, z. B. durch Diskussion.

Handlungsplan

Der Handlungsplan ist eines der wichtigsten Instrumente der Moderation. Die Gruppe sollte nicht auseinander gehen, ohne konkrete Vereinbarungen getroffen und beschlossen zu haben, was als Nächstes von wem bis wann zu tun ist.

Dazu ein Beispiel, das nach Bedarf verändert werden kann. Die Spielregel ist in diesem Fall die Lösung für eine Situation, mit der alle Beteiligten unzufrieden waren. Die weiteren Punkte dienen zur Konkretisierung und Präzisierung der Spielregel.

Beispiel:

Ab sofort halten wir uns an diese Spielregel:

Offene Fragen werden der Abteilungsleitung (AL) vom Team nur noch mit einem ganz konkreten Lösungsvorschlag, einer Folgenabschätzung (Nutzenbewertung), einer groben Zeit- und Arbeitsplanung bzw. einer vollständigen Begründung des Lösungsvorschlags vorgelegt.

Die AL weicht von diesem Lösungsvorschlag nur dann ab, wenn sie dem Team eine nachvollziehbare Begründung dafür liefert.

Wer?	Herr Müller, Teamleiter
Macht was?	Offene Fragen mit vollständig begründetem Lösungsvorschlag vorlegen
Mit wem?	Frau Meier
Bis wann?	Rechtzeitig vor Entscheidungsbedarf durch AL; Richtzeit: 18 Tage
Kennzahlen für den Erfolg?	– Verhältnis der von der AL akzeptierten zu den nicht akzeptierten Entscheidungen – Anzahl der erfolgreich/nicht erfolgreich umgesetzten Lösungen
Messmethode?	Monatsbilanz und Jahresbilanz durch Zählen
Mit welchem Ziel/wozu?	Das Team soll alle wichtigen Fragen selbst mit nachvollziehbarer Begründung entscheiden und damit Erfolg haben
Wer checkt den Erfolg und gibt Rückmeldung an wen?	Herr Huber; Rückmeldung an AL und Team (monatlich bzw. Jahresbilanz)

Tipps

- Um Missverständnisse zu vermeiden, sollten im Zweifelsfall ganze Sätze formuliert werden. Der Handlungsplan wird ins Ergebnisprotokoll mit aufgenommen.
- Nicht immer müssen alle Felder des Schemas ausgefüllt werden. Oft genügen die Antworten auf einen Kern an Fragen: Wer? Macht was? Bis wann? Wer checkt den Erfolg und gibt Rückmeldung an wen?
- Im Idealfall wird der Handlungsplan im Konsens vereinbart.

Ziele/Teilziele

Dieses Schema liefert ein Zielsystem, also die Basis für die Planung eines Projekts. Das Schema ist immer dann einsetzbar, wenn es um die Durchführung konkreter Projektvorhaben geht.

Beispiele

> Das Team eines Beratungsunternehmers bereitet einen internationalen Kongress vor; ein Projektteam eines SoftwareUnternehmens erstellt den Entwurf für ein neues Anwenderprogramm; die Lehrer einer Schule planen einen Tag der offenen Tür.

Wie wird das Schema verwendet?

1 Die Arbeitsphase „Ziele finden und formulieren" sollte Schritt für Schritt durchlaufen werden. Die Ergebnisse werden dann als Zusammenfassung und Konkretisierung in das unten dargestellte Schema übertragen.

2 2 In einem weiteren Schritt werden die für Ziele bzw. Teilziele verantwortlichen Personen benannt.

   1 Wie lautet der Auftrag?
   _____

   2 Warum ist der Auftrag wichtig?
   _____

3 Das Ziel des Auftrags

Ziel	End-termin	Mess-kriterien	Verant-wortlich	Zwischen-bilanz am

4 Teilziele

Teilziel	End-termin	Mess-kriterien	Verant-wortlich	Ist das Teilziel ein Meilenstein?

Stärken

Die konsequente Arbeit mit diesem oder einem ähnlichen Schema führt zu einem klaren, systematischen und verbindlichen Zielsystem. Dadurch werden viele Missverständnisse vermieden.

Schwächen

Eine präzise Zielformulierung erfordert gut geschulte Teilnehmer und viel Zeit. Doch diese Investition lohnt sich. Denn präzise Ziele werden mit weit höherer Wahrscheinlichkeit umgesetzt als unklare und vieldeutige Absichtserklärungen. Die Arbeit mit präzisen Zielen schafft Übersicht und beugt zeitraubenden Missverständnissen vor.

Tipps

- In der Spalte „Zwischenbilanz" werden Termine eingetragen, an denen der Status des Projekts bzw. der Grad der Zielerreichung überprüft wird. Diese Termine müssen nicht mit Terminen für Teilziele identisch sein. Es kann sich um andere signifikante Zeitpunkte handeln (z.B. die letzte Woche vor dem Betriebsurlaub, Weihnachten, Urlaub des Projektleiters etc.)
- Ein Meilenstein ist ein Termin für ein sehr wichtiges Teilziel, an dem eine Überprüfung des Grades der Zielerreichung angesetzt wird.

Wie Moderationstechniken ausgewählt werden – zwei Fallbeispiele

Fallbeispiel 1: Planungs- und Abwicklungsprobleme

Um zu veranschaulichen, wie Sie diese Moderationswerkzeuge einsetzen können, greifen wir auf das Fallbeispiel „Wie Sie eine Arbeitsphase aufbauen" zurück (siehe Kapitel „Wie strukturiert man die Arbeitsphase"). Sie sollten dort ein Team von Softwareentwicklern unterstützen, die Probleme mit der Projektplanung und -abwicklung hatten. Es ging vor allem darum, die wichtigsten Schwachstellen und deren Ursachen herauszufinden. Die Meinungen im Team über den Ursprung der Probleme waren denkbar unterschiedlich.

Vor dem Hintergrund dieser Problemstellung haben wir die Arbeitsphase strukturiert. Wie geht es weiter? – Sie sollten sich nun genau überlegen, für welchen Arbeitsschritt Sie welche Moderationstechnik einsetzen wollen. Nehmen Sie sich dazu jede Frage, die Sie für die Arbeitsphase vorgesehen haben einzeln vor.

1 Welche Probleme gibt es im Umfeld Projektplanung und Projektabwicklung?
 Für diese Frage bietet sich eine Ideensammlung als Bearbeitungsmethode an. So erhält die Gruppe schnell einen Überblick über die Problemfülle. Die Antworten erfolgen per Zuruf und werden vom Moderator auf einer Flipchartseite festgehalten.

2 Welche konkreten Beispiele gibt es für diese Probleme?
 In diesem Arbeitsschritt können Sie Kleingruppen bilden mit je drei oder vier Teilnehmern. Jede Gruppe erhält z.B. zwei oder drei der unter Frage 1 gesammelten Problempunkte und bringt dann zu jedem dieser Punkte ein oder zwei konkrete Beispiele. Die Kleingruppen stellen ihre Ergebnisse dann reihum den anderen vor.

3 Wie wirken sich diese Probleme im Alltag aus?
 Auch hier bieten sich wieder Kleingruppen an. Die Kleingruppen stellen die Auswirkungen der einzelnen Probleme für den Alltag in Form einer einfachen Liste zusammen (Ideensammlung). Die Ergebnisse werden dann wieder der gesamten Gruppe vorgestellt. An diesem Punkt der Ar-

beitssitzung sollten allen Teammitgliedern Zahl, Art und Auswirkungen der verschiedenen Probleme klar sein.

4 Wie lange hat das Team diese Probleme schon?
Diese Frage lässt sich gut mit allen Teammitgliedern gemeinsam beantworten. Die Antworten werden schriftlich auf derselben Flipchartseite festgehalten wie das Ergebnis der Ideensammlung zu Frage 1.

5 Welche dieser Probleme sind für die Kunden am ärgerlichsten? und

6 Welche sind für das Team am schwerwiegendsten?
Diese beiden Fragen lassen sich gleichzeitig von zwei Kleingruppen bearbeiten. Basis dafür sind die Antworten auf Frage 3: Die wichtigsten Probleme sind die mit den unangenehmsten Auswirkungen für die Kunden bzw. das Team. Sollten es sehr viele Probleme sein, oder ist sich die Kleingruppe nicht einig, kann eine Mehrpunktabfrage als Entscheidungsverfahren helfen. Selbstverständlich stellt wieder jede Gruppe ihr Ergebnis der jeweils anderen Gruppe vor.

7 Wer ist noch von den Problemen betroffen?
Hier sollte wieder die gesamte Gruppe zusammenarbeiten. Dadurch wird sichergestellt, dass auch wirklich alle wichtigen Personen(-gruppen) erfasst werden, die von den Problemen betroffen sind. Als Methode eignet sich wieder eine einfache Ideensammlung. Das Ergebnis wird auf einer Flipchartseite festgehalten.

8   Welche Probleme sind die schwerwiegendsten?
    Mit dieser Frage sollen die Probleme herausgefunden werden, die dann als Erste in Angriff genommen und gelöst werden sollen. Falls sich die Gruppe nicht einigen kann, können Sie wieder eine Mehrpunktabfrage einsetzen, um eine Entscheidung herbeizuführen. Sollten die Fragen 5 und 6 nur wenige Probleme ergeben haben, kann diese Frage auch hinfällig werden. Denn dann können alle Probleme gleich bearbeitet werden.

9   Welche Ursachen gibt es für diese Probleme?
    Kleingruppen können zu dieser Frage ein Ursache-Wirkungsdiagramm erstellen. So erfolgt die Suche nach den Ursachen auf jeden Fall systematisch und umfassend. Die Kleingruppen halten die Ergebnisse schriftlich fest und erläutern sie später den anderen Kleingruppen. An diesem Punkt hat sich das Team auf die wichtigsten Probleme geeinigt und deren Ursache erkannt.

10 Welche Ursachen könnte es noch geben?
    Zum Abschluss bearbeitet die Gruppe diese Frage gemeinsam. Sie testet die Vollständigkeit der Antworten von Frage 9. Die Frage kann den Kleingruppen bei der Präsentation ihrer Ergebnisse aus Frage 9 gestellt werden.

Nun haben Sie die Struktur der Arbeitsphase festgelegt und Sie haben sich überlegt, mit Hilfe welcher Moderationstechniken die einzelnen Schritte bearbeitet werden sollen. Wenn Sie jetzt noch für jeden Schritt den benötigten Zeitaufwand schätzen, haben Sie einen Zeit- und Arbeitsplan für die Arbeitsphase der Moderation.

Fallbeispiel 2: Die Zusammenarbeit klappt nicht

Ein weiteres Beispiel soll Ihnen verdeutlichen, wie sehr der Aufbau der Sitzung und die Wahl der Moderationstechniken von der individuellen Situation abhängt.

Im Team ist das Verhältnis untereinander und zum Abteilungsleiter sehr gespannt. Alle leiden unter dieser auch emotional stark belastenden Situation. Einige Teammitglieder schlagen vor, die Situation in einer moderierten Sitzung zu besprechen. Herr Sommer, der Teamleiter eines anderen Teams in der Firma, soll moderieren. Er genießt das Vertrauen aller Teammitglieder. Herr Sommer stellt das folgende Leitfragensystem zusammen und bestimmt die Moderationstechniken für die Arbeitsphase.

1 Wie lautet die Ausgangsfrage, zu der wir uns ein Bild machen sollen?
   Die gewünschte Bestandsaufnahme lautet: Welche Schwierigkeiten sehe ich im Team? Diese Frage spricht Herr Sommer mit dem Team ab und beginnt damit die Arbeitsphase.

2 Welche Schwierigkeiten gibt es?
   Für die Bestandsaufnahme der Schwierigkeiten im Team bieten sich eine Ideensammlung oder die Zielscheibe als Moderationstechniken zwar an – sind aber in dieser Situation nicht geeignet. Das Klima im Team ist viel zu schlecht. Herr Sommer wählt also die Kartenabfrage: Sie sichert den einzelnen Teammitgliedern Anonymität und erhöht die Wahrscheinlichkeit, dass tatsächlich die wirklichen Schwachstellen angesprochen werden.

3 Wie können wir die Schwierigkeiten einteilen und zusammenfassen?

Die Antwort ergibt sich aus der Kartenabfrage. Ergebnis ist eine übersichtliche und gegliederte Bestandsaufnahme der „Problemlandschaft" im Team.

4 Welche Schwierigkeiten sind für uns am wichtigsten?

Herr Sommer wählt die Mehrpunktabfrage als Instrument, um die Probleme herauszufinden, die am meisten unter den Nägeln brennen. Damit sind die Probleme nun vollständig erfasst, gebündelt und gewichtet.

5 Wie geht es weiter? (Handlungsplan)

Nun wird geklärt, wer was bis wann tun wird. Die Ergebnisse werden mit Hilfe des Handlungsplan-Schemas festgehalten und in das Protokoll übernommen.

In unserem Fall hat sich das Team entschlossen, Herrn Sommer als Moderator an Bord zu holen, um die Schwierigkeiten, die nun bekannt sind, in einem zweitägigen Workshop intensiv zu bearbeiten. Der Handlungsplan enthält bereits die Schritte zur Planung und Vorbereitung des Workshops.

> Die Beispiele haben es gezeigt: Es gibt kein Standardvorgehen und kein Patentrezept für die Strukturierung und Gestaltung der Arbeitsphase einer moderierten Sitzung. Jedes Leitfragensystem muss mit Hilfe der Informationen aus der Adressatenanalyse für die jeweilige Situation maßgeschneidert werden. Auch die Moderationstechniken sind auf die speziellen Gegebenheiten z. B. die Stimmung in der Gruppe, die Größe der Gruppe u. Ä. abzustimmen.

Die Kunst, die richtigen Fragen zu stellen

Eine kluge Frage ist die halbe Weisheit. (Francis Bacon)

Ein guter Moderator ist immer auch ein guter Kommunikator. Zu den kommunikativen Fertigkeiten, die einen guten Moderator auszeichnen, ließe sich problemlos ein eigenes Buch schreiben. Hier beschränken wir uns auf die wichtigste: den richtigen und bewussten Umgang mit Fragen.

Fragen ist die zentrale Kommunikationsform der Moderation. Durch zielgerichtetes Fragen trägt der Moderator erheblich zum Erfolg der Arbeitssitzung bei. Mit Hilfe kluger Fragen kann er

- die nötigen Informationen in der Vorbereitungsphase einholen,
- die Arbeitssitzung und die Arbeitsphase strukturieren,
- die Umsetzung der Arbeitsphase unterstützen,
- alle Teilnehmer einbeziehen und
- schwierige Situationen meistern.

Welche Frageart passt zu welcher Situation?

Als Moderator sollten Sie die wichtigsten Fragearten kennen und mit ihnen umgehen lernen. Denn die verschiedenen Fragearten können gezielt für unterschiedliche Zwecke eingesetzt werden.

Es gibt offene und geschlossene Fragen. Offene Fragen fordern ganze Sätze als Antwort, während man auf geschlossene Fragen mit einem einzigen Wort oder der knappen Nennung einer Tatsache ausreichend reagiert hat. Die Antwort auf eine offene Frage fällt also in der Regel länger und ausführlicher aus als die meist knappe Reaktion auf eine geschlossene Frage.

Den Gesprächspartner mit offenen Fragen einbeziehen

Offene Fragen haben den Vorteil, dass sie den Gesprächspartner zum Nachdenken anregen, ihn einladen, sich intensiv mit einer Sache auseinander zu setzen und eigene Lösungsvorschläge vorzubringen. Durch offene Fragen erfährt man in aller Regel mehr als durch geschlossene.

Hier einige Beispiele für offene Fragen:

- Welche Gründe sprechen aus Ihrer Sicht für den Vorschlag?
- Worin sehen Sie den Hauptvorteil?
- Wie sollten wir weiter vorgehen?
- Was würden Sie jetzt tun?
- Was sind die Ursachen des Problems?
- Wie können unsere Besprechungen effektiver werden?

Offene Fragen wendet man deshalb als Moderator an, um

- tiefergehende Informationen zu erhalten,
- freie Meinungsäußerung zu fördern,
- Gedanken anzuregen,
- Kreativität zu fördern.

Wenn Sie beispielsweise im Rahmen der Adressatenanalyse Vorgespräche führen und sich die Gesprächspartner zurückhaltend oder zögerlich verhalten, kann eine offene Frage das Eis brechen. Sie signalisieren damit auf sehr deutliche Weise, dass Ihnen die Ansicht oder die Ideen Ihres Gesprächspartners wirklich wichtig sind.

Sie werden als Moderator auch oft Teilnehmer in Ihrer Gruppe haben, die sehr zurückhaltend sind und meistens schweigen. Wir glauben nicht, dass es sinnvoll ist, ruhige Teilnehmer regelmäßig zu Stellungnahmen zu zwingen. Es gibt eben introvertierte Menschen, deren zurückhaltende und ruhige Art vom Moderator zu respektieren ist.

Manchmal aber empfiehlt es sich, ein deutliches Signal zu geben, dass jeder in der Gruppe mitreden darf. Vielleicht ist ja nur übertriebene Schüchternheit der Grund für die Zurückhaltung. In einer solchen Situation bieten sich offene Fragen an.

Beispiel:

Sie sollen einen Workshop zur Problemlösung gestalten und moderieren. Im Vorgespräch mit Herrn Maier möchten Sie herausfinden, warum die bisherigen Lösungsversuche gescheitert sind. Doch Herr Maier ist sehr verschlossen.
In dieser Situation bieten sich die folgenden offenen Fragen an:
„Was hätten Sie denn aus jetziger Sicht damals anders gemacht?" „Welche Vorteile hatten denn die bisherigen Lösungsversuche Ihrer Meinung nach?"
„Welche Erfahrungen haben Sie bisher mit der Lösung der Probleme gemacht?"
„Was würden Sie beim nächsten Mal anders machen?"
Zum Vergleich dazu ein paar geschlossene Fragen, die in solchen Situationen oft genug gestellt werden und Herrn Maiers Zurückhaltung wohl kaum lösen:
„Herr Maier, sind Sie mit den Lösungsansätzen, die schon ausprobiert wurden, zufrieden?" (Mögliche Antwort: „Nein.")
„Hätten Sie etwas anders gemacht?" (Mögliche Antwort: „Nein.")
„Sollte man beim nächsten Versuch anders vorgehen?" (Mögliche Antwort: „Ich weiß es nicht.")
Wenn Sie während einer Arbeitssitzung einen Teilnehmer in das Gespräch einbinden wollen, könnten die folgenden Fragen hilfreich sein:
„Herr Peter, Sie haben gerade die Meinung von Frau Werth gehört. Wie sehen die Dinge aus Ihrer Sicht aus?"
„Herr Schneider, Sie haben ja sehr viel Erfahrung bei der Bearbeitung derartiger Themen. Worauf sollten wir denn bei der Umsetzung besonders achten?
Zum Vergleich wieder typische geschlossene Fragen, wie sie hier eher nicht angebracht wären:
„Herr Peter, Sie haben gerade die Meinung von Frau Werth zu dem Lösungsvorschlag gehört. Möchten Sie dazu etwas sagen?" (Mögliche Antwort: Kopfschütteln.)
„Herr Schneider, Sie haben sehr viel Erfahrung auf diesem Gebiet. Haben Sie dazu noch etwas beizutragen?" (Mögliche Antwort: „Nein.")

Klare Antworten auf geschlossene Fragen

Geschlossene Fragen können ganz kurz mit einem Wort oder einer Geste beantwortet werden.

Die folgenden Fragen sind Beispiele für geschlossene Fragen:

- Wie spät ist es?
- Wie heißen Sie?
- Wo ist der Projektor?
- Wer kann zur nächsten Sitzung nicht kommen?
- Wann treffen wir uns wieder?
- Wer führt heute Protokoll?
- Bis wann liegt die Auswertung vor?
- Wer übernimmt die Verantwortung für das erste Teilziel?

Geschlossene Fragen wendet man als Moderator an, um

- Einverständnis bzw. Zustimmung einzuholen,
- eine Bestätigung zu bekommen,
- Gespräche möglichst straff zu führen,
- Übereinstimmung zu sichern,
- eine klare Antwort zu bekommen.

Fragen nach dem Einverständnis einer Gruppe sind eine sehr wichtige geschlossene Frageform. Der Moderator bespricht den Arbeits- und Zeitplan der Arbeitssitzung und stellt die geschlossene Frage: „Sind Sie einverstanden, wenn wir nach diesem Plan vorgehen?" Sie holen durch eine solche Frage die Zustimmung der Teilnehmer ein. Sollte von einem oder mehreren Teilnehmern ein Nein als Antwort kommen, muss natürlich geklärt werden, was an dem Plan abgelehnt wird und warum. Geschlossene Fragen eignen sich auch gut, um unklare oder sehr lange Redebeiträge zu präzisieren oder zu strukturieren.

Beispiel:

Sie moderieren einen Workshop und Herr Huber führt gerade in epischer Breite seine Vorschläge aus. Sie sehen an den körpersprachlichen Signalen der anderen Teilnehmer, dass sie sich langweilen: kurzer Blick zur Decke, leichtes Grinsen, Hände über dem Kopf zusammenschlagen, flehende Blicke zum Moderator u. Ä.

In dieser Situation können Sie folgende geschlossene Fragen einsetzen, um auf den Punkt zu kommen:

„Herr Huber, sind Sie nun für oder gegen das Projekt?"
„Wann sollten wir mit dem Projekt beginnen?"
„Wen schlagen Sie als Projektleiter vor?"

Zum Vergleich ein paar offene Fragen, auf die Herr Huber wahrscheinlich ganz anders reagieren würde und nicht unbedingt im gewünschten Sinne:

„Herr Huber, welche Gründe sprechen aus Ihrer Sicht für und welche gegen das Projekt?" (Mögliche Reaktion: Herr Huber beginnt seinen Vortrag wieder von vorne.)

„Herr Huber, wie sehen Ihre Vorschläge zum Projektstart aus?" (Mögliche Antwort: „Tja also, das ist natürlich ein sehr wichtiges und kniffliges Thema. Da muss ich ein bisschen ausholen ...")

„Was ist Ihre Meinung zum Thema Projektleitung?" (Mögliche Antwort ist auch hier wieder eine weitschweifige Rede.)

Zwei nützliche Fragetechniken
Rückfragetechnik

Als Moderator werden Sie nicht nur selbst Fragen stellen, Sie werden auch immer wieder mit Fragen konfrontiert, die an

Sie gestellt werden. Oft wäre eine Antwort jedoch unvereinbar mit Ihrer Aufgabe als Moderator. Sie sollen die Gruppe ja gerade dabei unterstützen, mit Hilfe des eigenen Potentials an Ideen und Erfahrungen eigene Lösungen zu finden. Also brauchen Sie eine Möglichkeit, sich der Frage zu entziehen, ohne den Fragenden zu brüskieren und ohne den Kommunikationsfluss der Gruppe zu stören. Eine sehr nützliche Technik dazu ist die Rückfragetechnik.

Werden Ihnen aus der Gruppe Fragen gestellt, die die Gruppe selbst beantworten kann bzw. sollte, ist es sinnvoll die Frage an die Gruppe zurückzugeben. Hier einige Beispiele für typische Moderationsdialoge:

Beispiele

Herr Simon: „Wie können wir denn nun mit einem schwierigen Kollegen umgehen?"

Moderator: „Sie haben ja alle sehr viel Erfahrung in dieser Hinsicht – was meinen die anderen?"

Herr Jäger: „Was würden Sie denn an meiner Stelle tun?"

Moderator: „Eine gute Frage, die ich gleich an die Gruppe weitergeben möchte. Stellen Sie sich bitte vor, Sie wären in derselben Situation wie Herr Jäger: Was würden Sie tun?"

Frau Schneider: „Also ich sehe da keine Lösung. Sie haben doch viel Erfahrung in solchen Dingen: Was raten Sie uns denn?"

Moderator: „Na, wir werden aus dieser Sackgasse doch wohl herausfinden. Sammeln wir einfach ein paar Ideen für mögliche Lösungen – sie dürfen ruhig verrückt oder ausgefallen sein. Wer legt los?"

Die Rückfragetechnik eignet sich gut dazu

- freie Meinungsäußerung zu fördern,
- Diskussionen anzuregen,
- die Teilnehmer zu ermuntern, ihrem eigenen Urteil zu vertrauen,
- die Teilnehmer konkret in die Verantwortung zur Lösungsfindung einzubeziehen.

Nachfragetechnik

Eine in vielen Situationen sehr wirkungsvolle Technik ist das Nachfragen. Eine geschickt angewandte Nachfragetechnik erfordert vom Moderator große Aufmerksamkeit und die Fähigkeit, die Beiträge der Teilnehmer sofort auf ihre Stichhaltigkeit hin zu überprüfen. Bei der Nachfragetechnik beziehen Sie sich auf die unmittelbar vorhergehende Äußerung Ihres Gesprächspartners. Sie dient in erster Linie dazu, die Äußerung besser zu verstehen oder den Gesprächspartner einzuladen, seine eigene Aussage zu präzisieren oder zu hinterfragen.

Nachfragen hilft immer dort, wo es ungenau wird oder jemand bewusst etwas verschleiern will. Sie können mit der Nachfragetechnik

- Blockaden auflösen,
- Begriffe präzisieren,
- Verallgemeinerungen relativieren,
- versteckte Annahmen aufdecken.

Beispiele

Blockaden auflösen
Herr Ende: „Das funktioniert ja doch nicht."
Moderator: „Was müsste denn getan werden, damit es funktioniert?"
Frau Schwarz: „Das kann ich nicht."
Moderator: „Was bräuchten Sie, um es zu schaffen?"

Begriffe präzisieren
Frau Winter: „Es gibt so viele Spannungen bei uns."
Moderator: „Was meinen Sie mit ‚Spannungen'?"
Herr Ziege: „Ich finde diese Lösung nicht so toll."
Moderator: „Was genau meinen Sie mit ‚icht so toll'? Könnten Sie uns das näher erläutern?"

Verallgemeinerungen relativieren
Frau Müller: „Das machen doch alle so!"
Moderator: „Wie könnte man es sonst noch machen?"
Herr Maier: „Die anderen werden da nicht mitmachen!"
Moderator: „Wer genau wird nicht mitmachen?"

Versteckte Annahmen aufdecken
Herr Träger: „Der hat doch bloß keine Lust!"
Moderator: „Wie kommen Sie darauf, dass er keine Lust hat?"
Frau Werth: „Das kriegen wir beim Chef nie durch."
Moderator: „Was macht Sie so sicher, dass das beim Chef nie durchkommt?"

Wie Sie schwierige Situationen meistern können

Die folgenden Anregungen sollen Ihnen Reaktionsmöglichkeiten für typische schwierige Situationen aufzeigen. Auch hier gibt es natürlich keine Patentrezepte. Immer wieder gibt es Momente, in denen selbst „alte Moderationshasen" überrascht sind und nicht sofort wissen, was sie tun sollen. In solchen Fällen ist es am besten, ehrlich zu sein, sich Zeit zum Nachdenken zu nehmen und dann dem eigenen gesunden Menschenverstand zu vertrauen. Falls das schief gehen sollte: Na und? Niemand ist vollkommen!

Unseren Tipps und Anregungen liegen drei Grundprinzipien zugrunde, die Ihnen in schwierigen Situationen schon einmal eine erste Idee für eine adäquate Reaktion geben können:

1   Fragen stellen, Fragen stellen und Fragen stellen!
2   Die Teilnehmer konsequent in die Lösungsfindung einbeziehen.
3   Die „Moderationszügel" in der Hand behalten.

Die Beiträge kommen nur zögerlich oder sind unklar

In dieser Situation können Sie durch geschickt gestellte Fragen erreichen, dass eine schleppende oder zurückhaltende Diskussion in Schwung kommt.

Mit den folgenden Fragen laden Sie die Teilnehmer ein, intensiver in die Diskussion einzusteigen:

- Das habe ich noch nicht ganz verstanden: Wie hängen die beiden Vorfälle zusammen?
- Ist das Ihr wichtigstes Interesse – oder ist Ihnen etwas anderes noch wichtiger?
- Herr X, könnten Sie bitte kurz zusammenfassen, was Frau Y gesagt hat? Dann weiß Frau Y, ob und wie ihre Erklärung bei Ihnen angekommen ist.
- Welches konkrete Beispiel gibt es dafür?
- Können Sie das noch etwas genauer und anschaulicher beschreiben?
- Wen meinen Sie genau mit „die Führungskräfte"?

Es wird undiszipliniert durcheinander geredet

Gerade in einer produktiven und lebhaften Arbeitsatmosphäre kommt es nicht selten zu Situationen, in denen alle gleichzeitig sprechen wollen. Hier ist der Moderator gefordert, durch Zuordnen und Sichern der Wortmeldungen Ordnung in die Diskussion zu bringen. Das kann Ihnen z. B. durch folgende Anweisungen gelingen:

- Erst Herr Sommer, dann Herr Franz und dann bitte Frau Wirth. Einverstanden?
- Jetzt habe ich den Überblick verloren – bitte geben Sie noch einmal die Handzeichen für Wortmeldungen.
- Frau Wirth, Ihre Schnelligkeit in Ehren – aber Herr Franz hatte sich vor Ihnen zu Wort gemeldet.

- Herr Sommer, ich erinnere an die Spielregel „Ausreden lassen!". Frau Wirth, bitte beenden Sie Ihre Erläuterung des Beispiels.

Die Teilnehmer schweifen vom Thema ab

Je komplexer die Aufgabe der Gruppenarbeit oder je „heißer" das Thema, desto leichter gerät die Diskussion auf Abwege. Auch in diesem Fall sollten Sie eingreifen und die Diskussion wieder in die gewünschte Richtung bringen. Manchmal wird es auch sinnvoll sein, das Themenspektrum spontan zu erweitern, auch wenn es vom Arbeitsplan abweicht. Sie sollten dies dann ansprechen, damit sich die Sitzung nicht ins Uferlose verliert.

Hier einige Beispiele, wie es Ihnen gelingen kann, das Gespräch wieder in die gewünschten Bahnen zu lenken:

- Gut, danke für den Beitrag. Was war die Ausgangsfrage?
- Herr Müller wollte eigentlich die Antwort auf folgende Frage herausfinden: ...
- So, ich glaube, wir können die kleine Ergänzungsdiskussion jetzt beenden und zur eigentlichen Frage zurückgehen, nämlich ...
- Ich glaube, wir reden jetzt nicht mehr über die eigentliche Frage. Ich habe aber den Eindruck, dass dieser Punkt für Sie sehr wichtig ist. Was schlagen Sie vor: zurück zum Thema oder noch ein bisschen Zeit hierfür?

Alle schleichen um den heißen Brei

Was tun, wenn Sie den Eindruck haben, die Gruppe drückt sich vor einem bestimmten Thema oder vor konkreten Entscheidungen? – Eine gute Strategie ist in diesem Falle, der Gruppe durch Ihre Fragen bewusst zu machen, dass sie ein Thema scheut. Oft geben die Teilnehmer die Blockade dann auf.

- Ich habe den Eindruck, wir reden nicht über den eigentlichen Kern der Sache. Im Grunde geht es um folgende Frage: ...
- Auf mich wirkt das jetzt wie eine erbitterte Wattebällchenschlacht; geht es nicht eigentlich um folgende Frage: ...
- Als Moderator habe ich jetzt die Aufgabe, die Diskussion zu unterbrechen. Grund: Ich habe den Eindruck, dass sich niemand an die eigentliche Frage herantraut, nämlich ...

Es wird unübersichtlich

Themen, die in einer moderierten Arbeitssitzung besprochen werden, sind bisweilen sehr komplex. Kein Wunder also, dass es nicht immer klar ist, was noch zum Thema gehört und was nicht. Greifen Sie in diesen Fällen früh genug ein, indem Sie das Problem ansprechen. Die Klärung, was dazugehört und was nicht, kann die Gruppe oft auch in der Sache weiterbringen. Auf folgende Arten könnten Sie z.B. eingreifen:

- Stopp! Bevor wir den Überblick verlieren, sollten wir die wichtigsten Ergebnisse der bisherigen Diskussion zusammenfassen. Wo stehen wir?

- Ich glaube, wir diskutieren gleichzeitig zwei verschiedene Fragen: ...
- Moment, hier laufen gerade zwei Diskussionen auf verbaler Ebene und mindestens noch drei auf körpersprachlicher Ebene. So verzetteln wir uns mit Sicherheit. Deshalb schlage ich vor, die einzelnen Punkte der Reihe nach zu besprechen – auch wenn die Ungeduld in unseren Herzen brennt. Womit fangen wir an?

Es wird laut und unsachlich

Moderationssituationen führen immer wieder dazu, dass Konflikte in der Gruppe auftreten. Das kann ganz unterschiedliche Ursachen haben: von persönlichen Animositäten über geteilte Meinungen zur Sache bis hin zu unterschiedlichen Interessen. Aufgabe des Moderators ist es dann, das Gespräch auf eine sachliche Ebene zurückzuführen und die Konfliktpartner im schlimmsten Fall vor sich und anderen zu schützen. Dabei können folgende Fragen helfen:

- Moment, wir sollten jetzt einmal kurz darüber reden, wie wir hier miteinander umgehen. Wem gefällt der derzeitige Umgangston?
- Zwischenfrage: Halten wir uns noch an die Spielregeln vom Anfang?
- Mir fällt auf, dass Sie sich zunehmend ins Wort fallen – entspricht das unseren Regeln?
- Halt, ich unterbreche die Diskussion. Bitte beantworten Sie folgende Frage: Entspricht das Diskussionsverhalten

während der letzten fünf Minuten unseren zu Beginn vereinbarten Diskussionsregeln?

Vielredner stören die Arbeitsatmosphäre

Allzu knappe und interpretationsbedürftige Diskussionsbeiträge sind relativ leicht durch gezieltes Nachfragen für die Gruppe nutzbar zu machen. Vielrednern Einhalt zu gebieten, verlangt diplomatisches Geschick und konsequentes Durchgreifen gleichzeitig.

Hier einige Vorschläge, wie Sie elegant unterbrechen können:

- Herr Sommer, bitte benennen Sie jetzt in aller Kürze den wichtigsten Punkt Ihres Beitrages, damit er nicht in der Fülle des Gesagten verloren geht: Was ist Ihnen das Wichtigste?
- Herr Sommer, als Moderator habe ich natürlich auch ein Auge auf den Zeitplan. Bitte fassen Sie Ihren Beitrag in zwei abschließenden Sätzen zusammen.
- Herr Sommer, auch auf die Gefahr hin, Ihren Beitrag abzuwürgen: Jetzt sollten wir die anderen Teilnehmer zu Wort kommen lassen. Sind Sie damit einverstanden?

Die Zeit läuft davon

Die große Bedeutung eines Zeitplans haben wir bereits angesprochen. Doch was tun, wenn der Zeitplan ins Wanken gerät? In Abhängigkeit vom Grund für diese Situation können Sie entweder versuchen, die Diskussion zu beschleunigen, oder den Zeitplan gemeinsam mit der Gruppe den neuen Erfordernissen anzupassen.

- Nach dem Zeitplan sollten wir diesen Punkt jetzt abhaken: Gibt es noch wesentliche Anmerkungen zum Thema?
- Wenn wir uns Zeit für diesen Aspekt nehmen, gerät der Zeitplan ins Rutschen. Wie wichtig ist für Sie dieser Aspekt?

Auch Ihre Moderationsarbeit darf Thema sein

Es gibt Situationen, angenehme und unangenehme, in denen Sie als Moderator ruhig auch einmal Ihre Arbeitssituation thematisieren können. Moderatoren sind auch nur Menschen. Solche Beiträge können z.B. so aussehen:

- Mir macht die Zusammenarbeit mit Ihnen richtig Spaß, Sie setzen das Modell zur Konfliktlösung sehr konsequent um: Das macht meine Aufgabe leicht. Danke!
- Es ärgert mich, wenn niemand sich an die Spielregeln hält. Wie soll ich Sie unterstützen, wenn das so weitergeht?

Die Teilnehmer verhalten sich störend

Bisher haben wir Ihnen Situationen vorgestellt, die sich relativ leicht durch geschicktes Fragen meistern lassen. Nicht selten ist aber das allgemeine Verhalten eines Einzelnen oder der gesamten Gruppe so, dass die Arbeitsatmosphäre massiv gestört wird. Dann ist eine entsprechend deutliche Reaktion des Moderators nötig. Solche Störungen sind z. B.:

- den Raum verlassen,
- mit anderen tuscheln,
- lesen,
- schlafen,
- ständig vom Thema ablenken,
- den Moderator oder Teilnehmer angreifen,
- wiederholt irrelevante Fragen stellen.

Es gibt verschiedene Stufen der Reaktion auf störendes Verhalten. Eine sehr „sanfte" Reaktionsmöglichkeit ist das bewusste Ignorieren störenden Verhaltens. Das störende Verhalten verschwindet vielleicht von selbst wieder.

Falls das Ignorieren nicht zum Erfolg führt, sollte man klar machen, dass man sich gestört fühlt. Dabei reicht es oft aus, körpersprachliche Signale auszusenden. Eine wirkungsvolle Kombination sieht so aus: Rede unterbrechen, den oder die „Störer" kommentarlos anlächeln und ruhig warten, bis die Störung, z. B. ein Nebengespräch, beendet ist. Dann die Rede wieder aufnehmen und einfach weitermachen.

Wenn auch das die Situation nicht klärt, ist es an der Zeit, deutlich und gezielt Rückmeldung zu geben. Konkret heißt das:

1. Die Störung klar ansprechen.
2. Genau sagen, was stört.
3. Genau sagen, welche Folgen Sie für Moderator oder Gruppe sehen.
4. Situation klären.
5. Bitte oder Wunsch äußern, Angebot oder Vorschlag machen.
6. Klare Vereinbarung treffen.
7. Weitermachen.

Beispiele

1	*Störung ansprechen:*	„Ich habe im Moment ein Problem."
2	*Sagen, was stört:*	„Herr Friedrich und Frau Werth, seit einer Minute sind Sie in ein intensives Gespräch vertieft."
3	*Sagen, welche Folgen Sie sehen:*	„Das beeinträchtigt mich in meiner Konzentration, und Sie fallen für die Gruppe aus."
4	*Situation klären:*	„Was beschäftigt Sie so sehr – ist es für unsere Arbeit wichtig?"
5	*Bitte oder Wunsch äußern oder Angebot machen:*	„Bitte unterbrechen Sie Ihr Gespräch und machen Sie wieder mit."
6	*Vereinbarung treffen:*	„Sind Sie damit einverstanden?"
7	*Weitermachen:*	„Danke. Zurück zur Frage nach den Problemursachen ..."

Wenn es zu keinem Einverständnis kommt, bleibt die Sitzung unterbrochen, bis eine Lösung gefunden wurde. Wenn der Moderator die Arbeitssitzung unterbricht und eine Störung klar anspricht, muss auch eine Lösung dafür gefunden werden, bevor die Arbeit weitergeht. Sonst besteht zum einen die Gefahr, dass der Eindruck entsteht, massive Störungen würden toleriert. Zum anderen tauchen ungelöste Schwierigkeiten erfahrungsgemäß früher oder später wieder auf.

Die Moderation nachbereiten

Keine Besprechung und kein Workshop sollte ohne professionelle Nachbereitung abgeschlossen werden. Dazu gehört vor allem, die Ergebnisse schwarz auf weiß festzuhalten. Eine weitere wichtige Aufgabe der Nachbereitung ist eine kritische Auswertung der Arbeitssitzung. In diesem Kapitel erfahren Sie

- wie Sie Resultate in Form eines Protokolls sichern
- wie Sie von der Gruppe Feedback einholen und so Verbesserungsmöglichkeiten erkennen und umsetzen

Die Ergebnisse im Protokoll festhalten

Wesentliche Aufgabe des Moderators in der Phase der Nachbereitung ist es, die Ergebnisse der Arbeitssitzung festzuhalten und möglichst zügig den Beteiligten und Betroffenen zukommen zu lassen. Dazu wird ein Protokoll angefertigt.

> Vor der Verteilung sollte der Moderator die Protokolle überprüfen und „absegnen" lassen, z.B. von zwei vorher bestimmten Teilnehmern. Dadurch vermeidet man Missverständnisse und Fehler.

Folgende Fragen zur Verteilung des Protokolls sollten Sie klären:

- Wer sollte ein Protokoll erhalten?
- Warum braucht er es?
- Bis wann liegt das Protokoll vor?
- Wo wird das Protokoll abgelegt?
- Wer hat Zugriff auf die Ablage?

Protokolle können sehr verschieden aussehen und mehr oder weniger aufwendig erstellt sein. Welche Protokollform wann die beste ist, hängt von verschiedenen Kriterien ab: von der Homogenität der Gruppe, von Art und Inhalt des Auftrags oder von der Komplexität der Ergebnisse. Im Folgenden stellen wir Ihnen die wichtigsten Protokollformen vor.

Pinwandprotokoll, Flipchartprotokoll, Tafelprotokoll

Das Pinwand-, Flipchart- bzw. Tafelprotokoll ist die einfachste Protokollform. Dabei handelt es sich um eine genaue Abschrift oder Fotografie (eventuell mit einer Sofortbildkamera angefertigt) von Visualisierungen auf Pinwand, Flipchart oder Tafel. Diese Abschriften sind im Grunde keine vollwertigen Protokolle, sie sind aber übliche Bestandteile der folgenden Protokollformen.

Ergebnisprotokoll

Im Ergebnisprotokoll werden nur die erarbeiteten Ergebnisse festgehalten. Der Weg, auf dem die Ergebnisse erarbeitet wurden, wird nicht protokolliert. Gut bewährt hat sich die Kombination aus Fragen (Themen, die behandelt wurden) und Antworten (Ergebnisse). Ergebnis kann und sollte auch ein Handlungsplan sein.

Ein Ergebnisprotokoll reicht für die meisten Arbeitssitzungen aus. Man hält die wesentlichen Resultate fest, auf die die Gruppe sich geeinigt hat. Diese Grundidee wird durch das folgende Beispiel verdeutlicht:

Beispiel:

Thema der Arbeitssitzung: Priorisierung von Projekten im Team
Datum und Zeit: 23.11.20XX; 14:00–20:00 Uhr.
Leitung der Arbeitssitzung: Frau Werner
Protokollführer: Herr Maier

1. *Warum klappt unser Priorisierungsverfahren nicht?*

    a. Verhalten im Team: unterschiedliche Kriterien und Ziele, Abstimmung findet nicht statt, ...

    b. Zusammenspiel Team – Abteilungsleitung: ungenügender Informationsfluss, keine übergeordneten Abteilungsziele, ...

    c. Umfeld des Teams: keine Planungskultur im Unternehmen, starke „politische" Einflüsse, ...

    d. Methode: zeitliche Dimension im Priorisierungssystem fehlt; Priorisierungskriterien sind zu kompliziert, ...

2. *Welche Ursachen sind die wichtigsten?*

    Abstimmung im Team findet nicht statt; ungenügender Informationsfluss zwischen Team und Abteilungsleitung; Lücken in der Methode

3. *Was tun wir, um die Priorisierung zu verbessern?*

Wer?	Hr. Sommer, Fr. Schmidt
Macht was?	Entscheidungsvorlage zur Verbesserung der Priorisierungsmethode
Mit wem?	AL Fr. Huber
Bis wann?	30.6.20XX
Kennzahlen für den Erfolg	Zahl der klaren Priorisierungen/Zahl der unklaren Priorisierungen
Messmethode:	Monats- und Jahresbilanz durch Zählen
Ziel/Wozu?	Jedes Projekt soll eine eindeutige Prioritätenkennzeichnung erhalten
Wer checkt den Erfolg und gibt Rückmeldung an wen?	Hr. Sommer an Team und AL Fr. Huber

Ergebnisprotokoll mit Kommentar

Ein Ergebnisprotokoll mit Kommentar ist ein erweitertes Ergebnisprotokoll, das zusätzliche Informationen enthält, wie z. B.:

- Begründung und Erläuterung der Ergebnisse,
- Lösungsalternativen, die in Erwägung gezogen aber verworfen wurden sowie die Begründung dafür,
- Beschreibung des Weges, wie die Ergebnisse erarbeitet wurden,
- Liste der Personen, die die jeweiligen Teilergebnisse mit erarbeitet haben.

Die zusätzlichen Informationen sollte man z. B. in folgenden Situationen in das Protokoll aufnehmen:

- Das Protokoll geht an Personen, die von den Ergebnissen betroffen sind, an der Arbeitssitzung aber nicht teilgenommen haben. Damit sie die Ergebnisse verstehen können, brauchen sie Hintergrundinformationen.
- Man hat sich zwar für ein Vorgehen bzw. eine Lösung entschieden, möchte aber die anderen Lösungen, die man in der Sitzung erarbeitet hat, für den Fall festhalten, dass die vereinbarte Lösung doch nicht zu den erwünschten Resultaten führt. Dann kann man mit Hilfe des Protokolls die Überlegungen rekonstruieren, die zu anderen Lösungsmöglichkeiten erarbeitet wurden und muss nicht wieder von vorne anfangen.

- Es ist wichtig zu dokumentieren, dass die Ergebnisse von Personen erarbeitet wurden, die das nötige Fachwissen mitbringen. Also nimmt man die Argumente für die beschlossene Lösung in das Protokoll mit auf und nennt die Personen bzw. Fachleute, die diese Argumente vertreten.

Ablaufprotokoll

Das Ablaufprotokoll ist die aufwendigste und detaillierteste Protokollform. Es gibt zusätzlich zu den Grundinformationen alle wichtigen Teilschritte der Arbeitssitzung in zeitlicher Folge wieder. Man wird ein Ablaufprotokoll vor allem dann anfertigen,

- wenn es um äußerst wichtige Themen ging,
- wenn die Diskussion kontrovers geführt wurde,
- wenn keine Konsensentscheidung gefunden werden konnte,
- wenn abzusehen ist, dass der erarbeitete Beschluss Anlass zu weiteren Diskussionen sein wird.

Für jeden Themenpunkt können folgende Zusatzinformationen in das Protokoll aufgenommen werden:

- die Methode der Bearbeitung,
- die vorgebrachten Argumente (eventuell mit Namen der Diskutanten),
- Details zum Beschluss (einstimmig oder mehrheitlich; wer dafür und wer dagegen),
- die ausführliche Begründung des Beschlusses.

Erfolge sichern, aus Fehlern lernen

Die Auswertung der Arbeitssitzung erfüllt mehrere wertvolle Funktionen: Es wird damit nicht nur die Qualität der Ergebnisse geprüft, sondern auch die Qualität der Zusammenarbeit. Daraus können die Teilnehmer der Gruppe und der Moderator für die Zukunft lernen. Die Auswertung ruht demnach auf drei Säulen:

1. der Selbst-Check des Moderators,
2. die Selbsteinschätzung der Gruppe,
3. die Einschätzung des Moderators durch die Gruppe.

Die folgenden Checklisten und Beispiele sollen Ihnen als Anregung dienen, wie Sie die Auswertung gestalten können. Jeder Moderator sollte sich auf dieser Basis seine eigenen maßgeschneiderten Checklisten erarbeiten.

Selbst-Check des Moderators

Der Selbst-Check ist eine gute Methode, um aus den positiven und negativen Erfahrungen einer Arbeitssitzung zu lernen. Im Anschluss an jede Arbeitssitzung sollten Sie sich in aller Ruhe und Ausführlichkeit die folgenden Fragen stellen und beantworten:

- Was hat gut geklappt?
- Was ist nicht so gut gelaufen?
- Was mache ich beim nächsten Mal besser?

Wenn Sie diesen Selbst-Check regelmäßig und gewissenhaft durchführen, werden Sie sehr schnell und effizient aus Ihren Erfahrungen lernen.

Beispiel

Situation	Was hat gut geklappt?	Was hat nicht so gut geklappt?	Was mache ich beim nächsten Mal besser?
Konflikt Hr. Simon mit Fr. Karsten	Lösung gefunden	Hat zu lange gedauert; andere Teilnehmer haben sich ausgeklinkt.	Kurze Pause bzw. Unterbrechung und Konflikt in der Pause regeln.
Arbeitsgruppe 2 kann kein Ergebnis vorweisen		Arbeitsgruppe 2 wurde massiv von den anderen Teilnehmern angegriffen	a. Zu Beginn der Gruppenarbeit klar machen, dass „kein Ergebnis" auch ein Ergebnis ist. b. Kontakt zu den Arbeitsgruppen halten, um rechtzeitig planen zu können.
Abteilungsleiter mischt sich bei Frage X sehr stark ein	Unterbrechung durch mich; Hinweis auf dominantes Verhalten wurde voll akzeptiert.		Noch schneller und konsequenter eingreifen!

Die Gruppe bewertet die eigene Zusammenarbeit

Nicht nur der Moderator auch die Teilnehmer der Gruppe sollten die Chance nutzen, über die Erfolge, Misserfolge und Verbesserungsmöglichkeiten bei der Zusammenarbeit Klarheit zu gewinnen. Am Ende einer Arbeitssitzung sollte deshalb jeder Teilnehmer anonym die folgenden vier Fragen beantworten bzw. den Einschätzungsbogen ausfüllen:

Was hat heute bei unserer Zusammenarbeit gut geklappt?

Was hat heute nicht so gut geklappt?

Was machen wir beim nächsten Mal besser?

Was soll so bleiben?

Als Zeitpunkt der Auswertung bietet sich bei längerer Zusammenarbeit der Beginn der nächsten Arbeitssitzung an. Die Grundidee dabei ist, dass man sich für jede Arbeitssitzung vornimmt, den wichtigsten Punkt, der beim letzten Mal nicht so gut funktioniert hat, gezielt und bewusst zu verbessern. Resultat der regelmäßig durchgeführten Auswertung und der Reaktion der Gruppe bzw. des Moderators darauf ist mittelfristig ein Katalog von Spielregeln und Vorgehensweisen für die Zusammenarbeit, den sich die Gruppe selbst erarbeitet hat.

Beispiel:

Was hat heute bei unserer der Zusammenarbeit gut geklappt?	■ Niemand hat sich auf Kosten anderen zu profilieren versucht. ■ Wir haben sehr sachlich diskutiert. ■ Wir haben uns nur selten verzettelt.
Was hat heute nicht so gut geklappt?	■ Herr Sommer und Frau Karsten wissen viel zum Thema, haben aber aus irgendeinem Grund nichts gesagt. ■ Zu wenig Kaffee
Was machen wir beim nächsten Mal besser?	■ Jeden Teilnehmer direkt um seine Meinung fragen ■ Mehr Kaffee
Was soll so bleiben?	■ Die Sachlichkeit

Bewertung des Moderators durch die Gruppe

Es ist eine sinnvolle Ergänzung Ihres Selbst-Checks, wenn die Gruppe Ihre Leistung als Moderator bewertet. Erst aus der Kombination von Selbsteinschätzung und Fremdeinschätzung erhalten Sie ein klares Bild Ihrer Stärken und Verbesserungsmöglichkeiten als Moderator.

Für die Bewertung durch die Gruppe sollte sich jeder Moderator seinen ganz individuellen Bewertungsbogen erarbeiten. Das stellt sicher, dass genau die Aspekte thematisiert werden, die Sie selbst verbessern möchten. Beispiele für derart gezielte Fragen:

- Wie geht der Moderator mit Teilnehmerfragen um?
- Waren die Erklärungen des Morderators verständlich?

Diese Fragen werden Sie stellen, wenn Sie schon einen begründeten Verdacht haben, dass Sie Ihren Umgang mit Teilnehmerfragen noch verbessern können und Ihre Erklärungen für die Teilnehmer nicht immer verständlich sind.

Die folgende Grundform eines Bewertungsbogens ist als Ausgangsbasis schon sehr hilfreich und aussagekräftig:

In welchen Situationen in der Arbeitssitzung hat sich der Moderator heute klug/geschickt verhalten?

In welchen Situationen hat sich der Moderator heute unklug/ungeschickt verhalten?

Konkrete Vorschläge: Was hätte der Moderator heute besser machen können?

Konkrete Hinweise: Was gefällt mir an der Zusammenarbeit mit dem Moderator?

Konkreter Schwerpunkt: Welche Verbesserung ist für den Moderator am wichtigsten?

Wie lautet mein Gesamturteil für die heutige Arbeitssitzung?

Literatur

Kellner, Hedwig, Konferenzen, Sitzungen, Workshops effizient gestalten, München 2000

Malorny, Christian und Langner, Marc Alexander, Gerd F. Kamiske, Moderationstechniken, München 2007

Seifert, Josef W., Visualisieren – Präsentieren – Moderieren, Speyer, 25. Auflage 2007

Seifert, Josef W., Besprechungs-Moderation, 9. Auflage, Bremen 2002

Impressum

Bibliografische Information der Deutschen Nationalbibliothek
Die Deutsche Nationalbibliothek verzeichnet diese Publikation in der Deutschen Nationalbibliografie; detaillierte bibliografische Daten sind im Internet über http://www.d-nb.de abrufbar.

Print: ISBN: 978-3-648-02869-8 Bestell-Nr.: 01327-0001
ePub: ISBN: 978-3-648-02870-4 Bestell-Nr.: 01327-0100
ePDF: ISBN: 978-3-648-02871-1 Bestell-Nr.: 01327-0150

Anita Bischof, Dr. Klaus Bischof, Dr. Andreas Edmüller, Dr. Thomas Wilhelm
Meetings planen und moderieren
1. Auflage 2012, Freiburg

© 2012, Haufe-Lexware GmbH & Co. KG, Munzinger Straße 9, 79111 Freiburg
Redaktionsanschrift: Fraunhoferstraße 5, 82152 Planegg/München
Telefon: (089) 895 17-0
Telefax: (089) 895 17-290
Internet: www.haufe.de
E-Mail: online@haufe.de
Redaktion: Jürgen Fischer

Lektorat: Dr. Harald Henzler, Claudia Nöllke, Dr. Ilonka Kunow, Gisela Fichtl
Satz: Beltz Bad Langensalza GmbH, 99947 Bad Langensalza
Umschlag: Kienle gestaltet, Stuttgart
Druck: CPI – Ebner & Spiegel, Ulm

Alle Angaben/Daten nach bestem Wissen, jedoch ohne Gewähr für Vollständigkeit und Richtigkeit.
Alle Rechte, auch die des auszugsweisen Nachdrucks, der fotomechanischen Wiedergabe (einschließlich Mikrokopie) sowie der Auswertung durch Datenbanken oder ähnliche Einrichtungen, vorbehalten.

Die Autoren

Dr. Klaus Bischof

ist mit Anita Bischof Geschäftsführer von BISCHOFmanagement mit Sitz in Deutschland und der Schweiz. (www.bischof-management.de) Seine Schwerpunkte sind Training, Coaching und Consulting. Neben anderen Themen spezialisierte er sich auf Führung, Kommunikation und Selbstmanagement.

Unser Beitrag ist es, aktuelle Fragestellungen mit praxistauglichen Methoden und Werkzeugen zu unterstützen.

Anita Bischof

Verfügt über mehrjährige Erfahrung in der Führung von Mitarbeitern und als Unternehmensberaterin. Ihre Schwerpunkte sind Führung, Selbstmanagement, Besprechungen und Moderation von Workshops, Prozesse zu analysieren und zu strukturieren.

Von Dr. Klaus Bischof und Anita Bischof stammt der erste Teil dieses Buches.

Dr. Andreas Edmüller

ist Privatdozent, lehrt Philosophie an der Universität München und hat einen Lehrauftrag für Leadership an der Universität Innsbruck. Seit 1991 selbstständiger Berater und Trainer (Projekt Philosophie).

Dr. Thomas Wilhelm

ist selbständiger Berater und Trainer für öffentliche Institutionen, Dienstleistungsunternehmen und Industriebetriebe. Jahrelange Erfahrung als Seminarleiter sind in diesen TaschenGuide eingeflossen (Projekt Philosophie).

Von Dr. Andreas Edmüller und Dr. Thomas Wilhelm stammt der zweite Teil dieses Buches.

Weitere Literatur

„Gesprächstechniken für Führungskräfte. Methoden und Übungen zur erfolgreichen Kommunikation" von Anke von der Heyde und Boris von der Linde, 244 Seiten, EUR 24,95. ISBN 978-3-448-09518-0, Bestell-Nr. 00742

„Soft Skills. Das Kienbaum Trainingsprogramm" von Rainer Niermeyer, 176 Seiten, EUR 24,95. ISBN 978-3-448-07287-7, Bestell-Nr. 00037

„Das erste Mal Chef" von Ralph Frenzel, 174 Seiten, mit CD-ROM, EUR 14,95. ISBN 978-3-448-09261-5, Bestell-Nr. 00610

„Workshops – Vorbereiten, durchführen, nachbereiten" von Susanne Beermann und Monika Schubach, 128 Seiten, EUR 6,90. ISBN 978-3-448-09324-7, Bestell-Nr. 01308

„Coaching", von Rainer Niermeyer. 180 Seiten, EUR 24,95. ISBN 978-3-448-07501-4, Best. Nr. 00589

Frei und überzeugend sprechen

Ob im Beruf oder privat – ein guter Vortrag schafft Vertrauen und Sympathie. Dieser TaschenGuide unterstützt Sie und zeigt, wie Sie Ihr Lampenfieber beherrschen und Ihr Publikum fesseln!

€ 8,95 [D]
256 Seiten
ISBN 978-3-648-02714-1
Bestell-Nr. E00991

Jetzt bestellen!
www.haufe.de/bestellung
0800/50 50 445 (kostenlos)
oder in Ihrer Buchhandlung

HAUFE.

Small Talk als Karrierefaktor

Gekonnt plaudern und Sympathien gewinnen. Mit einem lockeren Small Talk können Sie nützliche Kontakte auf angenehme Weise verknüpfen. Die Autoren zeigen Ihnen, wie es geht!

€ 8,95 [D]
256 Seiten
ISBN 978-3-648-03438-5
Bestell-Nr. E00994

Jetzt bestellen!
www.haufe.de/bestellung
0800/50 50 445 (kostenlos)
oder in Ihrer Buchhandlung

HAUFE.